经管文库·管理类
前沿·学术·经典

MANAGEMENT

Research on Classroom Teaching
Theories and Practices

课堂教学理论与
实践研究

王树云　王建英　武建民　黄　婕 ◎著

经济管理出版社
ECONOMY & MANAGEMENT PUBLISHING HOUSE

图书在版编目（CIP）数据

课堂教学理论与实践研究 ／ 王树云等著. -- 北京：
经济管理出版社，2025. 6. -- ISBN 978-7-5243-0340-4

Ⅰ. G424.21

中国国家版本馆 CIP 数据核字第 2025N1L285 号

组稿编辑：杨国强
责任编辑：白　毅
责任印制：张莉琼
责任校对：蔡晓臻

出版发行：经济管理出版社
　　　　　（北京市海淀区北蜂窝 8 号中雅大厦 A 座 11 层　100038）
网　　址：www.E-mp.com.cn
电　　话：（010）51915602
印　　刷：唐山玺诚印务有限公司
经　　销：新华书店
开　　本：720mm×1000mm/16
印　　张：13.25
字　　数：230 千字
版　　次：2025 年 6 月第 1 版　　2025 年 6 月第 1 次印刷
书　　号：ISBN 978-7-5243-0340-4
定　　价：98.00 元

前　言

在当今教育领域不断发展与变革的时代背景下，课堂教学作为教育活动的核心环节，其重要性越发凸显。本书正是基于对课堂教学深入探索的需求而撰写的，旨在为教育工作者提供全面、系统且具有实践指导意义的课堂教学知识体系。

一、编写目的

随着教育理念的更新和教育技术的飞速发展，课堂教学面临着诸多新的挑战与机遇。传统的教学模式和方法已难以满足现代学生的学习需求以及社会对人才培养的要求。本书的编写目的是系统地阐述课堂教学的基本理论、原则和方法，以促进学生的全面发展，推动教育教学改革的深入进行。本书深入剖析课堂教学的理论基础，结合丰富的教学实践案例，探讨如何在实际教学中有效运用这些理论，以提高课堂教学的质量和效果，帮助教师更好地理解和把握课堂教学的本质与规律，提高课堂教学的质量和效果，以适应新时代教育发展的需求。

二、重要意义

课堂教学是学校教育教学的主阵地，是学生获取知识、培养能力、塑造品格的主要途径。优质的课堂教学不仅能够帮助学生扎实地掌握学科知识，更能够激发学生的学习兴趣，培养其创新思维和实践能力，为学生的终身学习和未来发展奠定坚实的基础。通过对课堂教学理论与实践的深入研究，教育工作者能够更好地理解教学过程的本质和规律，不断优化教学策略，提升教学水平，从而更好地适应新时代教育发展的需要，为培养具有创新精神和实践能力的高素质人才贡献力量。

三、主要内容

本书涵盖了课堂教学的各个方面，包括课堂教学的目标与任务、教学设计、教学方法、教学组织形式、教学评价等。通过对这些内容的详细阐述，为教师提供了全面、系统的课堂教学理论知识和实践指导，帮助教师在教学过程中科学地制定教学目标，合理地设计教学方案，灵活地运用教学方法，有效地组织教学活动，客观地评价教学效果。首先，在理论层面，深入探讨了课堂教学的基本概念、历史发展脉络、相关的教育心理学基础以及现代教育理念对课堂教学的影响等，帮助读者构建起扎实的理论框架。其次，着重阐述了课堂教学的实践环节，包括教学设计、教学方法的选择与运用、课堂管理技巧、教学评价体系等。最后，针对当前教育热点问题，如信息技术在课堂教学中的应用、课程资源的整合与开发、学生核心素养的培养，尤其是 AI 赋能生物学科的课堂教学等方面进行了深入的探讨，为读者提供了前瞻性的视角和实践思路。

四、适用对象

本书主要面向广大中小学教师、师范院校师生以及教育研究者。对于中小学教师而言，它是一本实用的教学指南，能够帮助教师在日常教学中更好地理解和运用教学理论，解决教学实践中遇到的各种问题，提升教学质量和专业素养。对于师范院校师生来说，可以将其作为专业教材，通过系统学习课堂教学的理论与实践知识，为未来的教育教学工作做好充分准备。对于教育研究者来说，它是一本有价值的学术著作，可以为教育教学研究提供理论支持和研究思路，进一步推动课堂教学理论的创新与发展。

希望本书能够成为广大教育工作者在课堂教学领域的参考书，为推动我国教育事业的发展发挥积极的作用。

王树云

2024 年 12 月 16 日

目　录

绪　论 ……………………………………………………………………………… 1

　　第一节　课堂的概念 ……………………………………………………………… 1

　　第二节　教学的概念 ……………………………………………………………… 2

　　第三节　课堂教学的概念 ………………………………………………………… 2

　　第四节　学习课堂教学的意义 …………………………………………………… 4

第一章　课堂教学的概述 ………………………………………………………… 8

　　第一节　课堂教学的诞生与演化 ………………………………………………… 8

　　第二节　课堂教学的研究对象与方法 …………………………………………… 9

　　第三节　课堂教学研究的理论与实践意义 ……………………………………… 14

第二章　课堂教学的本质 ………………………………………………………… 18

　　第一节　课堂教学活动是特殊的认识活动 ……………………………………… 18

　　第二节　课堂教学中的认识活动和信息传输活动 ……………………………… 19

　　第三节　课堂教学中的认知活动和情感意志活动 ……………………………… 21

　　第四节　课堂教学本质的争鸣 …………………………………………………… 24

第三章　课堂教学的要素 ………………………………………………………… 27

　　第一节　课堂教学的基本要素 …………………………………………………… 27

　　第二节　课堂教学中的主导性要素——教师 …………………………………… 29

第三节 课堂教学中的主体性要素——学生 ………………………… 31

第四章 课堂教学效率 ………………………………………………… 33

第一节 课堂教学效率的含义 ……………………………………… 33

第二节 影响课堂教学效率的主要因素 …………………………… 34

第三节 提高课堂教学效率的方法与途径 ………………………… 37

第五章 课堂教学设计 ………………………………………………… 43

第一节 课堂教学设计的基本含义及其特点 ……………………… 43

第二节 课堂教学设计的操作过程与若干思路 …………………… 45

第三节 课堂教学设计的基本要求与主要内容 …………………… 52

第六章 课堂教学模式 ………………………………………………… 59

第一节 课堂教学模式概述 ………………………………………… 59

第二节 课堂教学模式的分类 ……………………………………… 62

第三节 课堂教学模式的功能及其历史发展 ……………………… 68

第七章 课堂教学目标 ………………………………………………… 70

第一节 课堂教学目标的概念 ……………………………………… 70

第二节 课堂教学目标的功能 ……………………………………… 71

第三节 课堂教学目标的分类 ……………………………………… 72

第四节 课堂教学目标的编制 ……………………………………… 77

第五节 课堂教学目标的表述 ……………………………………… 81

第八章 课堂教学内容 ………………………………………………… 84

第一节 课堂教学内容概述 ………………………………………… 84

第二节 课堂教学内容安排的原则 ………………………………… 86

第三节 课堂教学内容的处理方法 ………………………………… 89

第九章　课堂教学程序 ·· 92

　　第一节　课堂教学程序的含义 ································· 92

　　第二节　课堂教学的基本程序 ································· 92

　　第三节　教学思想与课堂教学程序 ························· 94

　　第四节　教学内容与课堂教学程序 ························· 97

第十章　课堂教学方法 ·· 100

　　第一节　教学方法的内涵与特性 ·························· 100

　　第二节　教学方法的分类 ···································· 101

　　第三节　教学方法的选择 ···································· 106

第十一章　课堂教学艺术 ·· 110

　　第一节　教学语言艺术 ······································· 110

　　第二节　组织管理艺术 ······································· 112

第十二章　课堂教学评价 ·· 116

　　第一节　课堂教学评价的意义 ······························ 116

　　第二节　课堂教学评价的内容 ······························ 117

　　第三节　课堂教学评价的方法 ······························ 123

第十三章　课堂教学研究 ·· 127

　　第一节　课堂教学研究的含义和类型 ····················· 127

　　第二节　课堂教学研究的范式 ······························ 128

　　第三节　课堂教学研究的主要方法 ························· 130

　　第四节　课堂教学研究课题的选择与设计 ················ 134

第十四章　课堂教学未来的展望 ····································· 138

　　第一节　课堂教学的家庭化或社区化合作模式 ··········· 138

第二节 课堂教学的小班化模式 …………………………………… 140

第三节 课堂教学的线上模式 ……………………………………… 141

第四节 课堂教学的线上线下的混合模式 ………………………… 144

第十五章 AI 与生物学科教学的融合基础 ……………………… 147

第一节 AI 技术的发展概述及其在教育领域的渗透 …………… 147

第二节 生物制药、生物工程、生物科学学科特点与教学需求分析…… 150

第三节 AI 与生物学科教学融合的理论基础 …………………… 153

第十六章 AI 技术在生物制药课堂教学中的应用 ……………… 159

第一节 智能辅助教学工具助力生物制药理论教学 …………… 159

第二节 虚拟实验室与模拟实验平台提升实践教学效果 ……… 161

第三节 AI 支持的生物制药教学案例分析与项目实践 ………… 163

第十七章 AI 赋能生物工程课堂教学的策略与方法 …………… 166

第一节 生物工程原理教学中的 AI 可视化技术应用 ………… 166

第二节 实践技能培养的 AI 增强现实与虚拟现实应用 ……… 168

第三节 AI 促进生物工程课程设计与项目驱动学习 ………… 170

第十八章 AI 在生物科学课堂教学中的创新实践 ……………… 173

第一节 生物科学基础知识教学的 AI 智能辅导系统 ………… 173

第二节 探究性学习活动中的 AI 技术支持 …………………… 175

第三节 AI 拓展生物科学课堂的学习资源与交流空间 ……… 177

第十九章 AI 赋能生物学科课堂教学的评价体系构建 ………… 179

第一节 教学目标达成度的 AI 评估指标与方法 ……………… 179

第二节 学习过程与学习态度的 AI 监测与评价 ……………… 181

第三节 教师教学质量的 AI 辅助评价模型 …………………… 182

第二十章 AI 时代生物学科教师的专业发展路径 ·················· 185

第一节 教师 AI 素养的内涵与构成 ·················· 185

第二节 教师专业发展的 AI 支持策略与资源 ·················· 187

第三节 教师在 AI 赋能教学中的实践案例与经验分享 ·················· 189

第二十一章 AI 赋能生物学科课堂教学的未来展望与挑战应对 ·········· 191

第一节 技术发展趋势对生物学科教学的潜在影响 ············ 191

第二节 面临的挑战与问题分析 ·················· 193

第三节 应对策略与政策建议 ·················· 196

参考文献 ·················· 199

绪　论

第一节　课堂的概念

课堂不仅仅局限于一间教室，它是进行教学活动的重要场所，更是知识传递、思想碰撞和能力培养的空间。

在传统意义上，课堂通常有固定的物理空间，如教室，里面配备有桌椅、黑板等教学设施。教师在这个空间里通过讲授、演示等方式向学生传授知识，学生则通过听讲、提问、讨论等方式进行学习。

然而，随着科技的发展，课堂的概念也不断拓展。如今，在线课堂、虚拟课堂等新型课堂形式逐渐兴起。这些课堂打破了时间和空间的限制，让学生可以随时随地进行学习。

课堂还是一个社交场所，学生在这里与同学及老师互动交流，培养人际交往能力和团队合作精神。同时，课堂也是一个培养学生自律、自主学习能力的地方，学生应遵守课堂纪律，积极参与学习活动，从而提高自己的学习效率。

总之，课堂是一个充满活力和创造力的地方，它为学生的成长和发展提供了重要的支持和保障。

第二节　教学的概念

教学是一种有目的、有计划、有组织的活动，旨在促进学生的学习和发展。

教学的目的是帮助学生获得知识、技能、态度和价值观，培养学生的创新精神和实践能力，为学生的未来发展奠定基础。

教学是一个复杂的过程，它涉及教师、学生、教学内容和教学方法等多个方面。教师是教学活动的组织者和引导者，他们根据教学目标和学生的特点，选择合适的教学内容和教学方法，引导学生进行学习。学生是教学活动的主体，他们通过积极参与学习活动，主动获取知识和技能。教学内容是教学活动的核心，包括学科知识、技能训练、社会实践等方面。教学方法是教学活动的手段，包括讲授法、讨论法、演示法、实验法等多种方法。

教学需要遵循一定的教学原则，如科学性与思想性相统一原则、理论联系实际原则、直观性原则、启发性原则、循序渐进原则、巩固性原则、因材施教原则等。这些原则为教学活动提供了指导，确保教学活动的有效性和科学性。

总之，教学是一项充满挑战和创造性的工作，它需要教师不断地学习和探索，提高自己的教学水平，为学生的成长和发展贡献自己的力量。

第三节　课堂教学的概念

课堂教学是教育领域的一个核心概念，指教师和学生在特定的教室环境中，按照一定的教学计划和教学大纲，有目的、有组织、有计划地开展的教学活动。

一、主体与环境

(一) 教师主导

教师在课堂教学中发挥主导作用。教师需要根据教学目标、学生的特点和学习需求，精心设计教学内容、教学方法和教学流程。例如，在一节高中物理课上，教师要根据课程标准对电场知识的要求，结合学生已有的电学基础，选择合适的教学方法，如实验演示法、问题探究法等，引导学生理解电场的概念、性质和相关规律。

(二) 学生主体

学生是课堂教学的主体。他们在教师的引导下，积极主动地参与到教学活动中，通过听讲、思考、提问、讨论、实践等方式，获取知识、提高能力、培养情感态度和价值观。例如，在语文课堂的文学作品赏析环节，学生通过阅读文本、发表自己的见解、与同学交流讨论，体会作品的内涵和艺术价值。

(三) 教室环境

教室是课堂教学的主要场所，为教学活动提供了物理空间。教室的布局、教学设备等因素会影响课堂教学的效果。例如，在现代化的多媒体教室中，教师可以利用投影仪、电子白板等设备展示丰富的教学资源，如图片、视频、动画等，让教学内容更加生动形象，从而有助于学生的理解和记忆。

二、教学计划与大纲依据

(一) 教学计划

它是对教学活动的整体规划，包括教学目标的确定、教学内容的安排、教学进度的规划、教学方法的选择等。教学计划通常是一个学期或一个学年的宏观规划。例如，在初中英语教学计划中，会明确本学期要完成的教材单元内容，每个单元的教学重点和难点，以及听说读写各项技能的培养目标，同时会规划出单元测试、期中期末考试等教学评价的时间节点。

(二) 教学大纲

教学大纲是根据课程标准制定的具体教学指导文件，它规定了学科的教学目的、任务、内容范围、深度和结构，教学进度以及教学方法上的基本要求等。例如，数学教学大纲会详细规定不同年级学生需要掌握的数学概念、定理、公式，以及在数学运算、几何证明、统计分析等方面的能力要求。教师的课堂教学必须严格遵循教学大纲的要求，确保教学内容的科学性和系统性。

三、教学活动的组织性与目的性

（一）组织性

课堂教学是有组织的活动。教师要组织教学内容，使其具有逻辑性和条理性。例如，在历史课教学中，教师会按照时间顺序或主题分类，将历史事件、人物、制度等内容组织成一个完整的知识体系，便于学生理解和记忆。同时，教师要组织学生的学习活动，如小组讨论、角色扮演等，确保每个学生都能参与到教学过程中。

（二）目的性

课堂教学的每一个环节都有明确的目的。无论是导入新课、讲解新知识、课堂练习还是课堂总结，都是为了帮助学生更好地学习知识、提高能力。例如，在化学实验课的导入环节，教师通过展示有趣的化学现象，如颜色变化、气体产生等，目的是激发学生的学习兴趣和好奇心，为后续的实验操作和知识讲解做好铺垫。

第四节　学习课堂教学的意义

在教育的广袤版图中，课堂教学犹如一颗璀璨的明珠，散发着独特而耀眼的光芒。它是知识传承的神圣殿堂，是智慧启迪的关键密钥，更是塑造灵魂的温暖摇篮。无论是学生在求知路上的奋力跋涉，教师在专业领域的深耕细作，还是整个教育事业为推动社会进步而不懈努力，课堂教学都扮演着无可替代的核心角色。深入探究学习课堂教学的意义，恰似开启一场意义深远的教育之旅，将引领我们穿越迷雾，清晰地洞察其在个体成长、教育发展乃至社会文明进程中所蕴含的巨大价值与深远影响，从而更加珍视教育的核心阵地，为优化教育实践、培育时代英才筑牢坚实根基。

一、对学生的重要性

（一）知识获取与积累

课堂教学是学生系统学习知识的主要途径。在课堂上，教师依据教学大纲和教材，将各个学科领域的知识进行精心组织和讲解。例如，在数学课堂上，学生从基本的数字运算开始，逐步学习代数、几何、统计等复杂的知识体系；在历史课堂中，他们可以穿越时空，了解不同时期的社会变迁、重大事件和杰出人物。这种系统的知识传授方式，能够帮助学生建立起完整的知识结构，为他们的进一步学习和未来的发展打下坚实的基础。

（二）能力培养与提升

1. 思维能力

课堂教学通过多样化的教学方法培养学生的思维能力。例如，在科学课程的实验教学中，学生需要观察实验现象、分析数据、提出假设并验证，有助于培养他们的逻辑思维和科学思维能力。在语文课堂的文学作品解读过程中，学生要理解作品的深层含义，分析人物形象和情节发展，能够锻炼他们的形象思维和批判性思维能力。

2. 学习能力

学生在课堂上学会如何学习。教师会教授学习方法，如预习、复习技巧，笔记记录方法，以及如何利用图书馆和网络资源进行学习等。同时，课堂互动环节，如小组讨论、课堂发言等，有助于提高学生的自主学习能力和合作学习能力。

（三）社交技能与情感发展

1. 社交技能

课堂是一个小型的社交场所，学生在这里可以与同龄人交流互动。通过小组合作学习、课堂讨论等活动，学生能够学会倾听他人的意见、表达自己的观点、尊重不同的想法，从而提高沟通能力和团队协作能力。例如，在项目式学习的课堂中，学生分组完成一个课题，他们需要分工合作、互相支持，这个过程中他们的社交技能得到了很好的锻炼。

2. 情感发展

课堂教学对学生的情感态度和价值观的形成具有重要作用。教师的言传身教、教材内容以及课堂氛围都会影响学生的情感体验。积极向上的课堂氛围可以培养学生的自信心和学习兴趣，而具有人文关怀的教学内容能够引导学生树立正确的价值观，如在品德教育课堂上，学生学习到尊重、宽容、责任等价值观。

二、对教师的重要性

（一）教学实践与专业成长

课堂教学是教师教学理念和教学方法的实践场所。教师可以将所学的教育理论知识应用于实际教学中，检验其有效性，并根据教学效果进行调整和改进。例如，教师在学习了新的教学方法（如情境教学法）后，在课堂教学中尝试运用，通过观察学生的反应和学习成果，以评估这种方法是否适合自己的教学风格和学生的特点，从而不断完善自己的教学实践。

持续的课堂教学实践能够促进教师的专业成长。教师在备课、上课、课后反思的过程中，不断积累教学经验，提高自己的教学水平。例如，通过对每堂课的教学反思，教师可以总结教学过程中的优点和不足之处，针对问题进行研究和学习，参加培训或者与同行交流，从而不断提升自己的专业素养。

（二）教育研究与创新的基础

课堂教学为教育研究提供了丰富的素材。教师在课堂上观察到的学生学习行为、学习困难以及教学过程中出现的各种问题，都可以成为教育研究的课题。例如，教师发现学生在数学概念理解方面存在困难，则可以以此为切入点，开展关于数学概念教学方法的研究。

课堂教学是教育创新的试验田。教师可以在课堂上尝试新的教学模式、教学技术和教学策略。例如，利用虚拟现实技术进行地理教学，让学生身临其境地感受自然景观和地理环境；或者采用翻转课堂模式，改变传统的教学流程，激发学生的学习主动性和积极性。

三、对教育事业的重要性

（一）保证教育质量与公平性

课堂教学是保证教育质量的关键环节。高质量的课堂教学能够确保学生接受符合教育标准的知识和技能培训，实现教育目标。通过统一的教学大纲、规范的教学过程和科学的教学评价，教育部门可以对课堂教学进行监督和管理，保证教学质量的稳定性和可靠性。

课堂教学有助于实现教育公平。在学校教育中，无论学生的家庭背景、社会地位如何，他们都能够在相同的教室环境中，接受教师的系统教学。这为每个学生提供了平等的受教育机会，使他们能够在知识的海洋中畅游，缩小因外部因素造成的教育差距。

（二）传承与创新文化知识

课堂教学是文化知识传承的重要渠道。教师将人类社会积累的科学文化知识，如语言文字、历史文化、科学技术等，通过课堂传授给学生，使这些宝贵的知识得以延续和传播。例如，在语文课堂上，学生学习古代诗词、经典文学作品，是对中华文化的传承；在科学课堂上，学生学习最新的科研成果，是对现代科学知识的传播。

同时，课堂教学为文化知识的创新提供了土壤。在课堂讨论、学术探究等活动中，学生和教师可以碰撞出思维的火花，提出新的观点和见解。这些创新的想法有可能成为未来文化知识发展的新起点，推动教育和社会的进步。

第一章 课堂教学的概述

第一节 课堂教学的诞生与演化

一、课堂教学的诞生

课堂教学的诞生可以追溯到古代文明时期。在古希腊，哲学家如苏格拉底、柏拉图和亚里士多德通过对话和辩论的方式教导学生，这种形式被视为早期的课堂教学雏形。他们在公共场所或私人学园中与学生交流思想，探讨哲学、科学和伦理等问题。

在中国，古代的私塾教育有着悠久的历史。私塾通常由一位教师教授一群学生，教学内容主要包括儒家经典、诗词歌赋等。教师通过诵读、讲解和提问等方式进行教学，学生则通过背诵、书写和回答问题等方式来学习。

随着时间的推移，课堂教学在中世纪的欧洲得到了进一步的发展。基督教教会在欧洲建立了许多学校，教授神学、哲学和文学等科目。这些学校采用了班级授课的形式，教师在讲台上讲授知识，学生坐在下面听讲。

二、课堂教学的演化

（一）近代课堂教学的发展

文艺复兴时期，人文主义思想的兴起对教育产生了深远的影响。人们开始重视人的价值和个性发展，教育的内容也更加丰富多样，包括文学、艺术、科学等方面。

17 世纪，夸美纽斯提出了班级授课制，这一制度的出现标志着现代课堂教学的正式形成。班级授课制将学生按照年龄和知识水平分成班级，由一位教师同时对多个班级进行教学，提高了教学效率。

18 世纪，卢梭、裴斯泰洛齐等教育家强调自然主义教育，主张让学生在自然环境中学习，注重培养学生的个性和创造力。

19 世纪，赫尔巴特提出了以教师为中心的教学模式，强调教师的主导作用和系统知识的传授。这一模式在当时的教育中占据了主导地位。

（二）现代课堂教学的变革

20 世纪初，杜威提出了以学生为中心的教育思想，主张教育即生活、学校即社会，强调学生的主动学习和实践经验的重要性。这一思想对现代课堂教学产生了重大影响，推动了课堂教学的改革。

20 世纪中叶以后，随着信息技术的飞速发展，课堂教学发生了巨大的变化。多媒体教学、网络教学等新型教学手段的出现，为课堂教学带来了更多的可能性。

近年来，随着教育理念的不断更新和教学方法的不断创新，课堂教学更加注重培养学生的核心素养，如创新能力、合作能力、批判性思维等。同时，个性化教学、项目式学习等新型教学模式不断涌现，为学生的发展提供了更加多样化的选择。

总之，课堂教学的诞生与演化是一个漫长而复杂的过程。在这个过程中，教育理念、教学方法和教学手段不断地发展和变革，以适应社会的发展和学生的需求。未来，课堂教学将继续朝着更加个性化、多元化和智能化的方向发展。

第二节　课堂教学的研究对象与方法

在教育研究的浩瀚星空中，课堂教学犹如一颗极为耀眼且复杂的星体，吸引着众多教育研究者与从业者的目光。它既是知识传递的关键场所，也是师生互动、情感交流与能力培养的核心舞台。深入探究课堂教学，首要任务是精准界定其研究对象与巧妙选取适宜的研究方法。对研究对象的明确界定，犹如绘制航海图，指引我们在课堂教学这片广阔海洋中探索的方向；而恰当的研究方法，是坚固的航船，承载着我们驶向深入理解课堂教学奥秘的彼岸。本书旨在细致梳理课堂教学研究对象的多元维度，全面剖析各类研究方法的优劣与适用情境，以期为教育领域的同仁提供清晰的研究路径指引，共同推动课堂教学研究的不断深化与创新发展，为提升教育质量奠定更为坚实的理论与实践基石。

一、课堂教学的研究对象

（一）教师行为

1. 教学行为

教学行为包括教师的讲授方式、提问技巧、演示操作等。例如，教师在讲解数学公式时，或是采用直接推导的方式，或是通过实际案例引入后再推导；在提问时，或是提出开放性问题引导学生思考，或是封闭式问题检查学生对知识点的记忆。这些教学行为直接影响学生对知识的理解和吸收。

教师的教学风格也是研究的重点。有的教师是激情澎湃型，善于用生动的语言和丰富的肢体动作吸引学生；有的教师是沉稳严谨型，注重知识的逻辑性和系统性。不同的教学风格可能产生不同的学习效果。

2. 课堂管理行为

课堂管理行为包括维持课堂秩序、处理学生违纪行为、组织课堂活动等。例如，教师如何应对课堂上学生交头接耳的情况，是通过眼神示意、言语提醒，还是采取其他惩罚措施；在组织小组讨论时，如何确保每个学生都能积极参与，避免个别学生游离于活动之外。有效的课堂管理行为能够营造良好的学习氛围。

（二）学生行为

1. 学习行为

学习行为包括学生的注意力集中程度、学习参与度、学习方法的运用等。例如，在课堂上，学生是积极主动地回答问题、参与讨论，还是被动地听讲；学生在学习新知识时，是通过死记硬背，还是能够举一反三，还会运用多种学习策略，如归纳总结、类比推理等。

2. 学习动机和兴趣

学生的学习动机和兴趣也是研究的内容。如是什么因素激发了学生的学习兴趣，是教师的教学方式、教学内容本身，还是外部的奖励机制。例如，有的学生对语文感兴趣，可能是因为喜欢教师讲的文学故事；有的学生对科学课感兴趣，可能是因为对实验操作充满好奇。

（三）课堂互动行为

学生之间的互动，如小组合作学习中的分工协作、互相帮助等。在小组项目式学习中，观察学生如何发挥各自的优势，共同完成任务，能否有效地沟通交流，解决合作过程中出现的分歧。

学生与教师之间的互动，包括提问与回答、反馈与评价等。例如，学生是否敢于向教师提问，教师对学生提问的回应方式能否满足学生的求知欲；学生对教师教学的反馈，教师又是如何根据这些反馈调整教学策略的。

（四）教学内容

研究教师如何根据教学大纲和学生的实际情况选择合适的教学内容。例如，在历史教学中，教师是重点讲解政治史、经济史还是文化史；在选择教材内容后，如何对其进行组织，是按照时间顺序、事件类型，还是按照主题进行编排，以达到最佳的教学效果。

教学内容的深度和广度也是研究对象。如，对于不同层次的学生，教学内容的深度应该如何把握。再如，在数学教学中，对于基础较弱的班级，教师在讲解函数概念时，可能会更注重直观的图像和简单的应用；对于基础较好的班级，会涉及函数的多种变换和复杂的综合应用。

（五）内容呈现方式

研究教学内容是通过何种方式呈现给学生的，如传统的黑板板书、多媒体课件展示、实物模型演示等。例如，在地理教学中，教师通过播放视频展示世界各地的自然风光，比单纯的文字描述更能让学生直观地感受到地理环境的差异；在物理教学中，利用实物模型演示机械运动，有助于学生理解抽象的物理概念。

二、课堂教学的研究方法

（一）观察法

1. 自然观察

研究者在自然状态下，不干预课堂教学的正常进行，观察教师和学生的行为。例如，在教室后排观察教师教学过程和学生的学习反应，记录教师提问的频率、学生回答问题的情况、课堂互动的模式等。这种方法能够获取真实的课堂教学情况，但可能会受到观察者主观因素的影响，而且观察范围可能有限。

2. 结构化观察

预先设计好观察的内容和指标，有针对性地进行观察。比如，设计一个观察量表，列出教师的教学行为类别（如讲授、提问、演示等）和学生的学习行为类别（如注意听讲、参与讨论、做笔记等），观察时根据量表进行记录。这种方法可以提高观察的系统性和准确性，但设计观察量表需要花费一定的时间和精力，而且可能会限制观察的灵活性。

（二）访谈法

1. 教师访谈

与教师进行面对面的交流，了解他们的教学理念、教学目标、教学过程中的困难和困惑等。例如，询问教师为什么选择某种教学方法，在课堂管理中遇到的最大挑战是什么。访谈可以深入挖掘教师的内心想法，但教师可能会因为某些原因（如担心评价、自我保护等）而不愿意完全真实地表达自己的观点。

2. 学生访谈

了解学生对课堂教学的感受、学习体验、对教师的评价等。例如，询问学生最喜欢的教学环节是什么，对小组合作学习有什么看法，教学内容难度是否合适。学生访谈能够获取学生的主观感受，但学生的表达能力和认知水平可能会影响访谈的质量，而且访谈结果也可能受到访谈环境和提问方式的影响。

（三）问卷调查法

1. 教师问卷

调查教师的教学行为、教学观念、对教学资源的使用等方面的情况。例如，通过问卷了解教师是否经常使用多媒体教学工具，对新的教学理念（如探究式学习）的接受程度。问卷调查可以大规模地收集数据，但问卷设计的质量会直接影响调查结果的准确性，而且教师可能会因为敷衍了事而随意作答。

2. 学生问卷

调查学生对课堂教学的满意度、学习兴趣、学习习惯等。例如，通过问卷询问学生是否对课堂教学感到枯燥，是否有主动预习和复习的习惯。这种方法可以同时收集大量学生的数据，但同样存在问卷设计和作答真实性的问题。

（四）实验法

研究者将学生分为实验组和对照组，对实验组采用新的教学方法，对照组采用传统教学方法，然后比较两组学生的学习效果。例如，在语文阅读教学中，实验组采用小组合作探究式阅读教学法，对照组采用传统的教师讲授式阅读教学法，通过比较两组学生的阅读理解成绩、阅读兴趣等指标，从而评估新教学方法的有效性。实验法可以有效地验证因果关系，但实验环境可能与实际课堂教学环境存在差异，而且实验过程可能会受到外部因素（如教师素质、学生个体差异等）的干扰。

（五）案例分析法

案例分析法是一种在众多领域广泛应用的研究方法，尤其在教育研究领域中对课堂教学的研究有极为重要的地位。它主要是通过对特定的、具有代表性的案例进行深入、细致、全面的剖析，从而揭示出普遍的规律、原则、问题及解决方案等，为相关领域的实践和理论发展提供有力的参考及依据。

在课堂教学研究中，案例通常选取一堂具有典型特征的真实课堂教学实例，这可以是一节被公认为教学效果显著、教学方法创新的优质课，也可以是一节暴露出诸多教学问题、面临教学困境的普通课。例如，选取某中学李老师所讲授的一节生动的物理实验课作为案例，在这堂课中，李老师通过巧妙设计实验步骤、引导学生积极参与实验操作与讨论，成功地让学生理解了复杂的物理原理。

研究过程首先要对案例进行详细的描述，包括教学背景，如学校的类型、学生的年级与学业水平、教学内容在课程体系中的位置等；教学目标，即教师期望学生在这堂课中达成的知识、技能、情感态度等方面的目标；教学过程，涵盖导入环节的方式、新知识讲解的顺序与方法、课堂互动的形式与频率、练习与巩固环节的设计以及课堂总结的要点等；教学结果，如学生在课堂上的即时反应、对知识的掌握程度，可通过课堂小测验或提问的反馈、学生后续在相关知识学习或作业完成中的表现等了解。

然后运用教育教学相关理论对案例进行深入分析。从教学方法的角度来看，分析李老师采用的实验教学法是否符合学生的认知规律，是否有效地激发了学生的学习兴趣和主动性。比如，通过让学生亲手操作实验器材，让他们从直观的现象中抽象出物理概念，符合从感性认识到理性认识的认知过程。从师生互动方面，研究教师的提问如何引导学生思考，学生的回答如何促使教师调整教学策略。例如，当学生在实验过程中提出关于实验现象的疑问时，教师如何引导学生进一步探究而不是直接给出答案，这种互动方式对培养学生的批判性思维和解决问题的能力有何作用。从教学目标达成来看，分析这堂课的教学目标是否合理且全面，以及实际教学过程中在知识传授、技能培养和情感态度价值观塑造等方面目标的达成情况。如是否让学生掌握了物理知识，同时培养了他们严谨的科学态度和团队合作精神。

通过对这一物理实验课案例的分析，可以总结出成功的实验教学经验，如实验设计应紧密围绕教学目标、注重学生的主体地位、及时回应学生的问题以促进互动等，为其他物理教师或其他学科教师在教学方法选择、课堂教学设计等方面提供借鉴。同时，可以发现可能存在的不足之处（如实验时间把控不够精准导致部分学生未能充分完成实验总结），为后续教学改进提供方向。

案例分析法的优势在于它的真实性和情境性，它不是基于抽象的理论假设，而从真实发生的教学场景出发，能够让研究者和教育工作者更直观地感受教学实际情况，从而更好地理解教育教学理论在实践中的应用和体现，有助于提高教师的教学反思能力和教学实践水平，促进教育教学理论与实践的有机结合。

典型案例分析。选择具有代表性的课堂教学案例进行深入分析。例如，选取一节获得优质课奖项的教学视频，从教学目标的达成、教学方法的运用、师生互动等多个角度进行剖析，总结成功的经验。这种方法可以详细地研究具体的课堂教学情况，但案例的选择可能会受到研究者主观因素的影响，而且单个案例的分析结果可能不具有普遍适用性。

第三节　课堂教学研究的理论与实践意义

在教育的宏伟架构中，课堂教学无疑占据着核心枢纽的关键地位。它宛如一座知识的熔炉，在有限的时空里，将智慧的原料熔炼为学生成长的养分；又似一片充满活力的试验田，各种教育理念与教学方法在此生根发芽、接受检验。深入探究课堂教学研究的理论与实践意义，恰似点亮一盏明灯，照亮我们在教育探索道路上前行的方向。

从理论层面，课堂教学研究能够为教育学科不断注入新的活力与内涵。它犹如一把精细的手术刀，剖析教学过程中的各种现象与行为，进而揭示隐藏在其中的教育规律与心理机制。通过对课堂教学的深入研究，我们可以进一步验证、丰富和拓展已有的教育教学理论，使其更加贴合实际教学情境，增强理论的解释力与预测力，为教育学术的大厦添砖加瓦。

在实践维度上，其意义更是不可小觑。对于一线教师来说，课堂教学研究是他们提升教学质量、优化教学方法的得力助手。它如同一位贴心的导师，帮助教师洞察教学中的问题与不足，引导他们依据学生的需求与特点制定更为精准有效的教学策略，从而提高课堂教学的效率与吸引力，让学生在更优质的教育环境中茁壮成长。从教育政策制定者的视角来看，课堂教学研究为政策的制定提供了坚实的实践依据与数据支撑。通过了解课堂教学的实际情况与发展需求，政策制定者能够制定出更具针对性、前瞻性的教育政策，合理配置教育资源，推动教育事业朝着更加科学、均衡、高效的方向发展。

总之，课堂教学研究在理论与实践间架起了一座沟通的桥梁，无论是对教育理论的深化发展，还是对教学实践的改进优化，以及教育政策的科学制定，都有着不可替代的重要价值。深入挖掘其意义，有助于我们全方位地把握教育的脉搏，为培育适应时代需求的创新型人才奠定坚实的基础。

一、理论意义

（一）丰富教育教学理论体系

课堂教学研究通过对大量实际课堂教学案例、现象和数据的深入分析，能够挖掘出许多新的教育教学规律、原则和方法，这些成果可充实到已有的教育教学理论体系中。例如，对不同学科课堂教学中小组合作学习效果的研究，可能会发现一些影响合作学习成效的新因素，如小组规模、成员异质性与任务类型的匹配度等，这些发现可以进一步完善合作学习理论，使其更加细致和全面。

课堂教学为教育心理学、课程与教学论等相关学科理论提供了实践验证的依据。比如，教育心理学中关于学生认知发展阶段与学习能力的理论，可以在课堂教学研究中通过观察不同年龄段学生在课堂上对知识的接受和理解过程得到检验及细化。如果发现某些年龄段的学生在特定知识领域的学习表现与理论预期不完全相符，则可以促使教育心理学家对理论进行修正和完善，从而推动整个教育理论体系不断发展。

（二）促进教育研究方法的创新与发展

课堂教学研究由于其研究对象的复杂性和情境性，需要综合运用多种研究方法，如观察法、访谈法、案例分析法、实验法等。在这个过程中，研究者为了更好地适应课堂教学研究的特殊需求，会不断对这些方法进行改进和创新。例如，在课堂观察中，为了更精准地记录师生互动的细节和频率，研究者可能会开发出专门的课堂观察软件或编码系统，这不仅提高了课堂观察的效率和准确性，也为其他领域的观察研究提供了新的思路和工具。

跨学科研究方法在课堂教学研究中的应用日益广泛，这促进了教育研究方法的多元化发展。例如，将社会学中的田野调查法引入课堂教学研究，从社会文化背景的角度分析课堂教学中的师生关系、班级文化等现象，可以为教育研究带来全新的视角和分析框架，拓宽教育研究方法的边界，推动教育研究方法不断走向成熟和完善。

二、实践意义

（一）提升教师教学专业素养

课堂教学研究有助于教师深入了解教学过程的本质和规律，使他们能够更加科学地设计教学方案。教师通过研究课堂教学中的各种因素，如学生的学习风格、认知特点、兴趣爱好以及教学内容的难易程度、重点难点分布等，能够制定出更具针对性和有效性的教学目标、教学方法和教学流程。例如，了解到学生在上午时段注意力较为集中，教师可以将重点知识的讲解安排在这个时间段；知道学生对多媒体资源比较感兴趣，则可以在教学中适当增加图片、视频等素材的使用，提高教学效果。

促进教师教学反思与自我成长。教师在参与课堂教学研究的过程中，需要不断地对自己的教学实践进行反思和总结，分析教学过程中的成功经验和不足之处，并尝试提出改进措施。这种反思性实践能够帮助教师不断地调整和优化自己的教学行为，提升教学技能和教学艺术水平。例如，教师通过研究发现自己在课堂提问环节存在问题，如问题过于简单或复杂、提问方式不够灵活等，就可以有针对性地进行改进，从而提高课堂提问的质量，激发学生的思维活力。

（二）提高课堂教学质量与效率

基于课堂教学研究成果，教师可以采用更加优化的教学策略和方法，从而提高课堂教学的质量。例如，研究表明，采用项目式学习方法能够有效培养学生的综合实践能力和创新思维，教师可以在适当的教学内容中引入项目式学习，让学生通过完成真实的项目任务来深入理解和掌握知识，提高学生解决实际问题的能力。

有助于合理安排教学时间和资源。通过对课堂教学节奏、各教学环节时间分配以及教学资源利用情况的研究，教师可以更加精准地把握教学进度，避免时间浪费和资源闲置。例如，研究发现，某一知识点学生理解起来比较困难，需要花费更多的时间进行讲解和练习，教师就可以适当调整教学计划，为该知识点分配更多的教学时间，确保学生能够充分掌握；同时，了解到哪些教学资源对学生的学习帮助较大，则教师可以有针对性地收集和利用这些资源，提高资源的利用效率。

（三）推动教育政策与改革的有效实施

课堂教学研究能够为教育政策的制定提供丰富的实践依据。教育政策制定者通过了解课堂教学的实际情况，如不同地区、不同学校、不同学科课堂教学中存在的问题和需求，能够制定出更加符合教育教学实际、具有针对性和可操作性的教育政策。例如，研究发现农村地区学校由于师资力量薄弱和教学资源匮乏，课堂教学质量普遍较低，教育政策制定者可据此制定相关政策，加大对农村教育的扶持力度，如开展教师培训、提供教学设备和资源等，促进教育公平的实现。

为教育改革提供实践反馈和调整方向。在教育改革过程中，课堂教学是改革的核心阵地。通过对课堂教学在改革前后的变化进行研究，如教学理念、教学方法、教学评价等方面的转变，可以及时发现改革过程中存在的问题和不足，并为改革方案的调整和完善提供依据。例如，在推行新课程改革的过程中，通过对课堂教学的研究发现，部分教师在实施过程中存在对新课程理念理解不深、教学方法转变不到位等问题，则可以针对性地开展教师培训和指导工作，推动教育改革顺利进行。

第二章 课堂教学的本质

在教育的广袤天地里，课堂教学如同一座巍峨的灯塔，指引着学生在知识海洋中航行的方向。它是教育活动最直观、最集中的展现形式，承载着无数的期望与使命。然而，要真正驾驭课堂教学这艘巨轮，使其高效地驶向教育目标的彼岸，我们必须先深入探究其本质。课堂教学的本质犹如深埋于地下的树根，虽然不见天日，却决定着整棵树的生机与活力，它是课堂教学一切现象与行为的根源所在。理解课堂教学的本质，就如同握住了一把神奇的钥匙，能够开启优质教育的大门，让我们洞悉教学活动背后的逻辑与规律，从而在教育实践中有的放矢，为学生的成长与发展奠定坚实的基础，为教育事业的蓬勃发展注入源源不断的动力。

第一节 课堂教学活动是特殊的认识活动

课堂教学活动不同于一般的认识活动，它具有其特殊性。

一、课堂教学活动具有明确的目的性

在课堂上，教师根据教学大纲和课程目标，有计划地引导学生学习特定的知识和技能，培养学生的各种能力和素养。这种目的明确的特点使课堂教学活动更加高效和有针对性。

二、课堂教学活动具有高度的组织性

课堂教学通常在特定的时间和空间内进行，教师按照一定的教学程序和方法组织教学内容，引导学生逐步深入地学习。学生在教师的指导下，以班级为单位进行学习，遵守课堂纪律，积极参与教学活动。这种高度组织性保证了教学活动的顺利进行。

三、课堂教学活动具有双边性

课堂教学是教师和学生共同参与的活动，教师的教和学生的学相互作用、相互影响。教师通过讲授、提问、引导等方式传授知识和技能，激发学生的学习兴趣和积极性；学生通过听讲、思考、回答问题、完成作业等方式接受知识和技能，同时向教师反馈自己的学习情况和需求。这种双边性使课堂教学活动更加生动、丰富。

四、课堂教学活动具有间接性

在课堂上，学生主要是通过教师的讲授和教材的学习来获取知识及经验，而不是直接通过实践活动来获得。这种间接性使学生可以在较短的时间内获取大量的知识和经验，但需要教师在教学过程中注重引导学生将所学知识与实际生活相结合，提高学生的实践能力。

第二节　课堂教学中的认识活动和信息传输活动

一、课堂教学中的认识活动

课堂教学中的认识活动主要指学生在教师的引导下，对教学内容进行感知、理解、记忆、思维等一系列心理活动的过程。

感知是认识活动的起点，学生通过视觉、听觉、触觉等感官对教学内容进行初步的认识。例如，在语文课堂上，学生通过阅读课文、观看图片等方式感知文

字和图像所表达的信息；在物理课堂上，学生通过观察实验现象、触摸实验器材等方式感知物理现象和规律。

理解是认识活动的核心环节，学生在感知的基础上，对教学内容进行分析、综合、比较、抽象、概括等思维活动，从而把握教学内容的本质和内在联系。例如，在数学课堂上，学生通过分析数学问题、综合运用数学知识、比较不同的解题方法等方式理解数学概念和公式；在历史课堂上，学生通过分析历史事件的背景、原因、过程和结果等方面，理解历史发展的规律和趋势。

记忆是认识活动的重要环节，学生通过对教学内容的反复学习和复习，将所学知识存储在大脑中，以便在需要的时候能够提取出来。例如，在英语课堂上，学生通过背诵单词、句型和课文等方式记忆英语知识；在地理课堂上，学生通过记忆地理图表、地名和地理现象等方式掌握地理知识。

思维是认识活动的高级形式，学生在理解和记忆的基础上，运用逻辑思维、创造性思维等方式对教学内容进行深入的思考和探索，从而提出问题、解决问题、创新知识。例如，在科学课堂上，学生通过提出假设、设计实验、进行实验、分析实验结果等方式进行科学探究，培养科学思维和创新能力；在语文课堂上，学生通过阅读文学作品，分析作品的主题、人物形象和艺术特色等方式进行文学鉴赏，培养文学思维和审美能力。

二、课堂教学中的信息传输活动

课堂教学中的信息传输活动主要指教师和学生之间通过语言、文字、图像、动作等方式进行信息交流和传递的过程。

教师是信息的发送者，他们通过讲授、提问、演示、板书等方式将教学内容转化为信息，并将这些信息传递给学生。在这个过程中，教师需要根据学生的特点和需求，选择合适的教学方法和手段，使信息的传递更加准确、清晰、生动。

学生是信息的接收者，他们通过听讲、思考、回答问题、观察演示、阅读教材等方式接收教师传递的信息，并对这些信息进行加工和处理。在这个过程中，学生需要保持高度的注意力和积极性，认真倾听教师的讲解，积极思考问题，主动参与教学活动，以便更好地接收和理解信息。

信息传输活动是课堂教学活动的重要组成部分，它直接影响着教学效果和质量。因此，教师和学生都需要重视信息传输活动，提高信息传输的效率和质量。

教师要不断提高自己的教学水平和能力，掌握有效的教学方法和手段，使信息的传递更加准确、清晰、生动；学生要保持高度的注意力和积极性，认真倾听教师的讲解，积极思考问题，主动参与教学活动，以便更好地接收和理解信息。

第三节　课堂教学中的认知活动和情感意志活动

课堂教学是一个复杂且多元的过程，其中，认知活动和情感意志活动相互交织、协同作用，共同构成了完整的课堂教学体验，对学生的学习成果和全面发展有着深远影响。

一、课堂教学中的认知活动

（一）知识感知与理解

在课堂教学伊始，教师往往通过多种方式引导学生感知新知识。例如，在语文课堂上，教师通过朗读优美的文学作品，让学生从听觉上感受文字的韵律美；展示与课文内容相关的图片、视频等，从视觉上帮助学生建立对课文情境的初步印象。在科学课程中，教师进行实验演示，学生通过观察实验现象，直观地感知科学原理的外在表现。这一感知过程为后续的理解奠定了基础。

理解是认知活动的核心环节。教师会运用讲解、举例、类比等方法帮助学生深入理解知识。以数学课堂为例，教师在讲解几何图形的面积公式时，不仅会推导公式的来源，还会列举大量生活中的实际例子，如计算房间地面面积、花园面积等，让学生明白公式在不同情境下的应用，从而加深对抽象数学概念的理解。在历史课堂上，教师通过讲述历史事件的背景、过程和影响，帮助学生理解不同历史时期的社会结构、文化特点和政治格局，使学生将孤立的历史事件串联成完整的历史脉络。

（二）知识记忆与应用

记忆在课堂教学的认知活动中不可或缺。教师会采用多种记忆策略帮助学生记住重要的知识内容。例如，在英语单词教学中，教师会引导学生利用词根、词缀记忆法，将具有相同词根或词缀的单词归为一类，便于记忆；通过制作单词卡片、开展单词背诵比赛等方式，强化学生的记忆效果。在语文古诗词教学中，教师会让学生反复诵读，体会诗歌的意境和情感，同时讲解诗词中的典故、意象等，帮助学生理解性记忆。

知识的应用是检验学生认知水平的关键。在课堂上，教师会布置练习题、组织小组讨论或开展项目式学习等活动，让学生将所学知识应用到实际情境中。在物理课堂的实验课上，学生需要运用所学的物理原理设计实验方案、操作实验仪器、分析实验数据，从而解决实际的物理问题。在计算机编程课程中，学生学习编程语言的语法规则后，应通过编写程序来实现特定的功能，如制作简单的游戏、设计数据处理软件等，这不仅加深了学生对知识的理解和记忆，更培养了他们的实践能力和创新思维。

（三）思维能力培养

课堂教学注重培养学生的多种思维能力。在问题解决教学中，教师提出具有挑战性的问题，引导学生分析问题、提出假设、验证假设，从而培养学生的逻辑思维能力。例如，在数学应用题教学中，学生需要根据题目中的已知条件，运用逻辑推理，选择合适的数学模型和解题方法。在科学探究课程中，学生通过观察现象、提出问题、设计实验、分析数据等一系列过程，锻炼了科学思维能力，学会从现象到本质、从个别到一般地思考问题。

创造性思维能力是课堂教学关注的重点。教师鼓励学生提出独特的见解和想法，在课堂讨论、作文写作、艺术创作等活动中，为学生提供自由发挥的空间。例如，在美术课堂上，教师给定一个主题，学生可以运用不同的绘画材料、表现手法和创意构思而完成作品，展现自己的创造性思维。在语文课堂的文学作品赏析中，教师引导学生从不同角度解读作品，鼓励学生对作品中的人物形象、情节发展、主题思想等提出新颖的观点，培养学生的批判性思维和创新能力。

二、课堂教学中的情感意志活动

（一）情感激发与共鸣

教师在课堂教学中通过自身的情感投入来激发学生的情感体验。一个充满激情的教师在讲述英雄事迹时，能够用富有感染力的语言和表情，让学生感受到英雄的伟大和崇高，从而激发学生的敬佩之情；在朗读抒情散文时，教师用轻柔、舒缓的语调，传达出文章中的细腻情感，使学生产生共鸣。

教学内容本身蕴含着丰富的情感因素。在文学作品教学中，学生随着故事情节的发展，会体验到主人公的喜怒哀乐，如在阅读《红楼梦》时，学生能感受到贾宝玉与林黛玉爱情的凄美、家族兴衰的悲凉；在音乐课堂上，不同风格的音乐作品能唤起学生不同的情感反应，欢快的乐曲让学生心情愉悦，悲伤的旋律使学生陷入沉思。这种情感共鸣能够增强学生对教学内容的关注度和投入度，提高学习效果。

（二）学习兴趣与动机培养

教师通过多样化的教学方法和手段培养学生的学习兴趣。例如，在课堂上引入游戏化教学元素，将知识学习与游戏相结合，让学生在轻松愉快的氛围中学习。在小学数学教学中，教师可以设计数学竞赛游戏，让学生分组竞赛，通过抢答、解题比赛等形式，激发学生的好胜心和学习兴趣。利用多媒体资源展示生动有趣的教学内容，如在地理课上播放世界各地的自然风光、人文景观视频，吸引学生的注意力，激发他们对地理知识的探索欲望。

帮助学生树立正确的学习动机是情感意志活动的重要方面。教师引导学生认识到学习的意义和价值，不仅是为了取得好成绩，更是为了自身的成长和发展。在职业生涯规划课程中，教师通过介绍不同职业的特点和要求，让学生明白学好各学科知识对未来职业选择的重要性，从而激发学生内在的学习动力，使他们在学习过程中更加主动和积极。

（三）意志品质锻炼

课堂教学为学生提供了锻炼意志品质的机会。在面对学习困难时，教师鼓励学生要坚持不懈、勇于克服。例如，在数学难题的攻克过程中，教师引导学生不要轻易放弃，通过逐步分析、尝试不同的解题思路，来培养学生的毅力和耐心。在体育课堂上，一些具有挑战性的体育项目，如长跑、体操等，要求学生克服身体的疲劳和心理的恐惧，坚持完成训练任务，从而锻炼学生的坚韧意志和吃苦耐劳精神。

教师通过设定明确的学习目标和任务要求，来培养学生的自律能力和责任感。在完成长期的学习项目或作业时，学生需要合理安排时间、自我监督进度，有助于培养他们的自我管理能力和时间管理能力。例如，在完成一篇学期论文的过程中，学生要经历选题、资料收集、撰写初稿、修改完善等多个阶段，在这个过程中，他们学会了如何在没有教师时刻监督的情况下，能够自觉地按照计划推进任务，养成良好的学习习惯和意志品质。

第四节　课堂教学本质的争鸣

在教育领域的深邃苍穹之下，课堂教学犹如一颗最为璀璨且神秘的星辰，其本质究竟为何，始终是学术界与教育实践者竞相探索与争鸣的焦点话题。犹如在迷雾中追寻真理的轮廓，每一种关于课堂教学本质的观点都似一束独特的光，试图穿透重重迷障，照亮我们对这一核心教育活动的认知之路。从传统的知识传递之见，到强调学生主体的促进学习之说；从聚焦人际交互的交往互动理念，再到着眼文化传承与创新的深邃视角，各方观点交锋碰撞，引发了一场场热烈而深刻的思想盛宴。深入探究课堂教学本质的争鸣，不仅有助于我们厘清教育理念的脉络，更为优化教学实践、推动教育改革提供了不可或缺的理论基石与实践导向，引领我们在教育探索的征程上不断迈向新的境界。

一、传递知识说

观点阐述。这种观点认为，课堂教学的本质是知识的传递。教师是知识的传授者，学生是知识的接受者。课堂教学就像一个知识的传送带，教师把人类积累的文化知识、科学理论等内容，通过讲解、演示等方式传递给学生。例如，在传统的数学课堂教学中，教师会系统地讲解数学公式、定理，然后通过例题展示这些知识的运用方法，学生则需要认真听讲、记录笔记，以接收这些知识。

局限性。这种观点过于强调教师的主导地位和知识的单向传输。它忽视了学生的主动性和创造性，容易使课堂变成教师的"一言堂"。而且，它将知识看作固定不变的内容，没有考虑到知识的生成性和学生对知识的个性化理解。例如，在语文阅读教学中，如果只是教师单方面地讲解文章的中心思想和写作手法，学生可能只是被动地记忆，无法真正深入理解文本的内涵，也难以培养自己的阅读和思考能力。

二、促进学习说

观点阐述。该观点强调课堂教学的本质是促进学生的学习。教师的作用是为学生创造良好的学习环境，提供学习资源，引导学生自主学习。课堂教学不再是简单的知识传递，而要激发学生的学习兴趣，培养学生的学习能力。例如，在以项目式学习为主的课堂中，教师提出一个项目主题，如设计一个校园环保方案，然后提供相关的资料和指导，学生通过小组合作、自主探究等方式，自己寻找解决问题的方法，在这个过程中学习知识、锻炼能力。

局限性。这一观点虽然注重学生的主体地位，但在实践中可能会出现对教师指导作用的忽视。有些教师可能会过度强调学生的自主学习，而没有给予学生足够的引导和支持，导致学生在学习过程中出现迷茫、困惑的情况。而且，对于一些基础知识的系统学习，单纯依靠学生的自主学习可能效率较低，无法保证学生全面、准确地掌握知识体系。

三、交往互动说

观点阐述。交往互动说认为课堂教学的本质是师生之间、生生之间的交往互动。教学过程是一个信息交流、情感沟通的过程。教师和学生在课堂上通过对话、讨论、合作等方式，共同构建知识。例如，在课堂讨论环节，教师提出一个开放性的问题，如"如何看待人工智能对社会的影响"，学生各抒己见，分享自己的观点，教师也参与其中，引导学生从不同的角度思考问题。在这个过程中，知识不再是教师单方面传授的，而是通过大家的互动交流生成的。

局限性。这种观点在实际操作中可能会面临一些挑战。一方面，课堂互动需要花费大量的时间，如果把握不好节奏，可能会影响教学进度，导致教学任务无法完成。另一方面，在大班教学的情况下，很难保证每个学生都能充分参与到互动中，部分学生可能会成为"边缘人"，无法真正融入到交往互动的过程中。

四、文化传承与创新说

观点阐述。此观点认为课堂教学的本质是文化的传承与创新。课堂是文化传承的重要场所，教师通过教学内容和教学活动，将人类社会的文化遗产传递给下一代。同时，课堂教学也为文化创新提供了土壤，学生在学习文化知识的过程中，结合自己的思考和体验，可能会创造出新的文化观念、文化产品。例如，在历史课堂上，教师讲解古代文明的成就，这是文化的传承；而学生在学习历史后，通过创作历史小说、制作历史主题的手工艺品等方式，对历史文化进行创新。

局限性。这一观点对教师和学生的文化素养要求较高。教师需要有深厚的文化底蕴，才能有效地进行文化传承和引导文化创新；学生需要具备一定的文化基础和创新能力，才能在课堂教学中真正参与到文化传承与创新的过程中。而且，在以考试为导向的教育环境下，文化传承与创新可能会被忽视，教学更多地关注知识的记忆和应试技巧的训练。

第三章　课堂教学的要素

第一节　课堂教学的基本要素

课堂教学是一个复杂而动态的过程，它由多个基本要素构成。

一、教师

教师是课堂教学的主导者和组织者。他们具备专业的知识和教学技能，负责设计教学方案、传授知识、引导学生学习、评估学生的学习成果等。

教师的教学理念、教学方法和教学风格对课堂教学的效果有至关重要的影响。一位优秀的教师能够激发学生的学习兴趣，调动学生的积极性，引导学生主动探索知识，培养学生的创新思维和实践能力。

二、学生

学生是课堂教学的主体。他们带着不同的学习需求、学习能力和学习风格参与课堂学习。学生的积极参与和主动学习是课堂教学成功的关键。

在课堂教学中，学生通过听讲、思考、提问、讨论、实践等方式获取知识、提高能力、发展素养。学生的学习态度、学习方法和学习习惯会影响他们的学习效果。

三、教学内容

教学内容是课堂教学的核心。它包括教材中的知识、技能、价值观等，也包括教师根据教学目标和学生需求拓展的相关内容。

教学内容的选择要符合教学大纲和课程标准的要求，要具有科学性、系统性和实用性。同时，教学内容的呈现方式要多样化，以满足不同学生的学习需求。

四、教学方法

教学方法是教师为实现教学目标而采用的手段和方式。常见的教学方法有讲授法、讨论法、演示法、实验法、探究法等。

不同的教学方法适用于不同的教学内容和教学目标，教师应根据实际情况选择合适的教学方法，以提高教学效果。同时，教师可以结合多种教学方法，创造出丰富多彩的课堂教学形式。

五、教学环境

教学环境包括物理环境和心理环境。物理环境主要指教室的布置、教学设施的配备等。一个整洁、舒适、安全的物理环境有助于学生集中注意力，提高学习效率。

心理环境主要指课堂氛围、师生关系等。一个积极、和谐、民主的心理环境能够激发学生的学习热情，促进学生的个性发展。教师要营造良好的教学环境，为学生的学习创造有利条件。

六、教学评价

教学评价是对课堂教学效果的检验和反馈。它包括对学生学习成果的评价和对教师教学过程的评价。

教学评价要具有客观性、公正性和科学性，要采用多样化的评价方式，如考试、作业、课堂表现、小组活动等。教学评价的结果可以为教师改进教学提供依据，也可以为学生调整学习策略提供参考。

第二节 课堂教学中的主导性要素——教师

在课堂教学这片充满活力与挑战的舞台上，教师无疑是最为关键的主导性要素。犹如航海旅程中的灯塔，教师以其专业素养、教学智慧和独特魅力，为学生在知识海洋中的遨游指明方向、保驾护航。教师不仅是知识的传播者，更是学习方法的引导者、课堂氛围的营造者以及学生成长道路上的重要引路人。深入剖析教师在课堂教学中的主导性作用，对于理解教学过程的运行机制、提升教学质量以及促进学生全面发展具有极为关键的意义。它恰似一把开启优质教育入门的钥匙，让我们得以洞悉教育成功背后的教师所蕴含的巨大能量与深远影响力，进而激励我们不断探索教师专业成长之路，为教育事业的蓬勃发展奠定坚实根基。

在课堂教学的复杂生态系统中，教师作为主导性要素，犹如交响乐团的指挥，掌控着教学活动的节奏、方向与效果，其影响力贯穿于教学的各个环节与层面，深刻地塑造着学生的学习体验与成果。

一、知识传递与引导

教师凭借自身深厚的学科知识储备，成为学生获取知识的重要源泉。在课堂上，无论是讲解晦涩的科学原理，如物理中的相对论、化学中的化学键理论，还是剖析文学作品中的深刻内涵、历史事件中的因果关联，教师都能够运用清晰、准确且生动的语言，将复杂的知识体系拆解为易于学生理解的模块。例如，在数学课堂中，教师讲解函数概念时，会从实际生活中的例子入手，如气温随时间的变化、汽车行驶路程与速度的关系等，引导学生逐步理解函数中变量之间的对应关系，帮助学生构建起系统的知识框架。这种精准的知识传递，不仅让学生接收到丰富的信息，更重要的是，教师能够依据教学目标与学生的认知水平，有针对性地强调重点、难点知识，为学生的学习指明方向，避免学生在知识的海洋中迷失。

二、学习方法的示范与培养

授人以鱼不如授人以渔，教师在课堂教学中注重对学生学习方法的示范与培养。他们会在日常教学中展示如何高效地阅读、如何进行有效的笔记记录、如何提出有价值的问题以及如何开展自主探究与合作学习。以阅读教学为例，教师会通过精读示范，带领学生逐字逐句分析文章结构、修辞手法、主题思想等，让学生学习到阅读分析的技巧。同时，教师鼓励学生在课外阅读中运用这些方法，逐渐提高阅读能力。在科学实验课程中，教师先详细演示实验步骤、仪器操作规范以及数据收集与分析方法，然后让学生分组进行实验操作。在这个过程中，教师巡视指导，及时纠正学生的错误操作，培养学生严谨的科学实验态度和动手能力。通过长期的潜移默化，学生逐渐掌握适合自己的学习方法，从而提高学习效率，实现从被动学习向主动学习的转变。

三、课堂氛围的营造与调控

良好的课堂氛围是教学活动顺利开展的重要保障，而教师是课堂氛围的营造者与调控者。一位充满激情与活力的教师能够用自己的热情感染学生，使课堂充满生机。例如，在语言类课程中，教师通过生动的表情、丰富的肢体语言以及富有感染力的语音语调，营造出轻松愉快的学习氛围，让学生在愉悦的心情中学习新知识。同时，教师能够敏锐地感知课堂氛围的变化，当学生出现注意力不集中、情绪低落或课堂秩序混乱等情况时，教师会及时采取相应的措施进行调控。如通过提问、组织小组讨论、开展课堂小游戏等方式重新吸引学生的注意力，激发学生的学习兴趣；或者通过严肃的眼神、温和的提醒等方式纠正学生的不良行为，维护课堂秩序。教师还会鼓励学生积极参与课堂互动，尊重学生的观点与想法，营造出民主、平等、和谐的课堂氛围，让学生在这样的环境中敢于表达、乐于思考。

四、情感支持与人格塑造

教师在课堂教学中不仅关注学生的学业成绩，更注重给予学生情感支持与人格塑造。他们以关爱、理解与尊重的态度对待每一位学生，当学生在学习过程中遇到困难或挫折时，教师会耐心地给予鼓励与帮助，让学生感受到教师的信任与支持，从而增强自信心与学习动力。例如，当学生回答问题错误时，教师不是简单地批评指责，而是引导学生重新思考，肯定学生思考过程中的闪光点，帮助学生逐步找到正确答案。在长期的师生互动中，教师的人格魅力也会对学生产生深远的影响。一位诚实守信、敬业奉献、富有爱心的教师，会成为学生学习的榜样，潜移默化地影响学生的价值观与道德观。教师通过课堂教学中的言传身教，培养学生坚韧不拔的毅力、团结合作的精神、勇于创新的品质等，促进学生全面发展，为学生的未来人生奠定坚实的人格基础。

第三节　课堂教学中的主体性要素——学生

在课堂教学的舞台上，学生作为主体性要素，是整个教学活动的核心与灵魂所在。他们犹如一颗颗独特的种子，在课堂这片肥沃的土壤中，凭借自身的内在特质与无限潜能，积极主动地吸收知识的养分，绽放出绚丽多彩的成长之花。

一、学习需求的驱动者

每个学生都带着独特的学习需求踏入课堂。这些需求源于他们不同的知识基础、兴趣爱好、成长经历以及未来的发展目标。例如，有的学生对科学实验充满好奇，渴望在课堂上亲自动手操作，深入探究自然现象背后的原理；有的学生对文学创作情有独钟，期待在语文课堂中获得更多的写作技巧指导和文学灵感启发。学生的这些个性化需求成为推动教学活动开展的内在动力。教师需要敏锐地感知并尊重学生的需求差异，据此调整教学内容与方法，使教学活动能够精准地对接学生的期望，从而激发学生的学习热情，让他们更加积极地投入到课堂学习中。

二、知识建构的践行者

学生并非被动地接受知识，而是主动的知识建构者。在课堂教学过程中，他们基于已有的知识经验，对新的知识信息进行加工、整合与内化。以数学课堂为例，当学习新的几何定理时，学生不会单纯地记忆定理内容，而会联系之前学过的图形知识、空间概念等，通过思考、讨论、实践等方式，尝试构建起新旧知识的逻辑联系，从而深入理解定理的本质和应用范围。在小组合作学习中，学生相互交流、分享各自的见解与思考路径，在思想的碰撞中进一步完善自己的知识体系。这种自主建构知识的过程，使学生真正将知识转化为自己的认知财富，不仅提高了他们的学习效果，更培养了他们的独立思考能力、创新能力和合作能力。

三、课堂互动的积极参与者

课堂教学中的互动环节离不开学生的积极参与。无论是师生之间的问答交流、观点探讨，还是生生之间的小组讨论、项目协作，学生都在其中扮演着关键角色。在课堂讨论中，学生各抒己见，针对某一问题提出自己的观点、论据和解决方案。他们的思维活跃程度、表达能力和倾听技巧直接影响着互动的质量与效果。例如，在社会科学课程讨论关于社会热点问题时，学生会结合自己的生活观察、课外阅读以及网络信息，从不同的角度发表看法，有的学生从社会公平的角度出发，有的学生从经济效益的层面进行分析。在这个过程中，学生不仅加深了对知识的理解，还学会了尊重他人的观点、包容不同的意见，提升了人际交往能力和社会责任感。

四、学习效果的直接体现者

学生的学习成果是课堂教学效果的最直观反映。他们在知识掌握程度、技能提升水平、情感态度价值观的转变等方面的表现，都彰显着课堂教学的成效。例如，在语言类课程中，学生的口语表达是否流利、写作能力是否提高、对不同文化的理解与包容是否增强，都是衡量教学质量的重要指标。学生通过课堂学习后的作业完成情况、考试成绩、课堂展示表现以及在实际生活中的应用能力等，为教师提供了宝贵的反馈信息，促使教师反思教学过程中的优点与不足，进而调整教学策略，以更好地满足学生的学习需求，实现教学相长的良性循环。

第四章　课堂教学效率

第一节　课堂教学效率的含义

课堂教学效率是衡量课堂教学质量的重要指标之一，它有着丰富的内涵。

从时间角度来看，课堂教学效率指在一定的教学时间内，学生所获得的有效知识量、技能提升程度以及素养发展水平。高效的课堂教学能够充分利用有限的时间，让学生在单位时间内尽可能多地掌握知识和技能，而不是让时间在无意义的活动中流逝。例如，在一节 45 分钟的语文课上，如果教师能够合理安排教学环节，紧凑而有序地进行讲解、提问、讨论和练习等活动，使学生在这段时间内扎实地掌握了课文的重点内容、写作技巧，并提升了语言表达能力，那么这节课的教学效率就相对较高。

从效果角度出发，课堂教学效率体现为学生在学习过程中的实际收获与预期教学目标的接近程度。如果教师在备课阶段设定了明确的教学目标，如让学生理解特定的数学概念、掌握某种解题方法等，而在课堂教学结束后，大部分学生都能够达到这些目标，则说明这节课的教学效率较高。反之，如果学生对教学内容一知半解，未能实现预期目标，教学效率则较低。

从投入与产出的关系来看，课堂教学效率是教学投入与教学产出的比值。教学投入包括教师的精力、时间、教学资源的使用等，教学产出主要是学生的学习成果。以较少的教学投入获得较大的教学产出，即意味着高教学效率。例如，教师通过精心设计教学活动，运用简洁明了的教学方法和生动有趣的教学案例，避免了冗长烦琐的讲解和无意义的重复练习，从而在较少的时间和精力投入下，使学生获得了丰富的知识和技能，由此提高了课堂教学效率。

此外，课堂教学效率还涉及学生的参与度和积极性。如果学生在课堂上积极主动地参与学习活动，思维活跃，勇于提问和探索，那么他们的学习效果往往会更好，课堂教学效率也会相应提高。相反，如果学生缺乏兴趣，被动听讲，那么即使教师花费大量时间和精力进行教学，教学效率也难以提高。

总之，课堂教学效率是一个综合性的概念，它涵盖了时间利用、教学效果、投入产出比以及学生参与度等方面，对于提高教学质量、促进学生发展具有重要意义。

第二节　影响课堂教学效率的主要因素

一、教师因素

（一）教学能力

1. 专业知识水平

教师对所教学科知识的精通程度直接影响教学效率。例如，在高中物理教学中，如果教师对电磁学理论有深入的研究和透彻的理解，就能在讲解复杂的电磁感应现象时，准确地阐述概念、清晰地推导公式，并且能够自如地解答学生提出的各种疑问。而知识储备不足的教师可能会在教学过程中出现讲解模糊、错误等情况，影响学生对知识的接收。

2. 教学方法运用

合适的教学方法是提高教学效率的关键。例如，在语文古诗词教学中，教师采用情境教学法，通过播放古典音乐、展示古代绘画等方式营造诗词所描绘的意境，能够让学生更快地理解诗词的情感和内涵。而如果教师只是单纯地讲解字词释义和诗句翻译，教学可能会变得枯燥乏味，降低学生的学习积极性和学习效率。

3. 教学组织能力

教师要合理组织教学内容和教学活动。比如，在一堂生物实验课上，教师需要提前准备好实验器材，设计好实验步骤和流程，并且能够在课堂上有效地组织学生分组进行实验，确保每个学生都能参与其中。若教师在教学组织上混乱，如实验器材准备不足、分组不合理等，就会浪费时间，影响教学效率。

（二）教学态度

1. 责任心

有强烈责任心的教师会认真备课、精心设计教学环节、关注每个学生的学习情况。他们会花费大量的时间批改作业、分析学生的学习问题，并且积极寻找解决方案。相反，缺乏责任心的教师可能会敷衍教学，导致教学质量下降，教学效率无从谈起。

2. 教学热情

热情洋溢的教师能够激发学生的学习兴趣。例如，在历史课堂上，充满激情的教师在讲述历史事件时，绘声绘色地描述人物的事迹和战争的场面，会让学生仿佛身临其境，从而提高学生的注意力和学习效率。而一个态度冷漠的教师很难调动学生的学习热情。

二、学生因素

（一）学习基础与能力

1. 知识储备

学生已有的知识水平会影响其对新知识的学习。例如，在数学教学中，如果学生在代数基础部分没有掌握好，那么在学习函数等更复杂的知识时就会遇到困难。知识储备丰富的学生在课堂上能够更快地理解教师讲解的内容，跟上教学进度，甚至能够举一反三，而基础薄弱的学生可能需要更多的时间来消化知识，从而影响整体的教学效率。

2. 学习能力差异

每个学生的学习能力不同，包括理解能力、记忆能力、思维能力等。在物理课程中，对于抽象的物理概念，理解能力强的学生能够通过教师的简单讲解和自己的思考很快掌握，而对于理解能力较弱的学生，可能需要教师通过更多的实例、类比等方式帮助他们理解，这无疑会增加教学的时间成本。

（二）学习态度与动机

1. 学习积极性

积极主动的学生在课堂上会主动参与教学活动，如主动提问、回答问题、参与讨论等。他们会在课前预习、课后复习，带着问题和思考上课。而缺乏学习积极性的学生则可能在课堂上走神、开小差，对教师的提问不回应，则会影响教学的互动性和流畅性，降低教学效率。

2. 学习目标明确性

有明确学习目标的学生，如为了考上理想大学而努力学习某一学科的学生，会更有动力去学习。他们会根据自己的目标调整学习状态，积极配合教师的教学。相反，没有目标的学生可能会对学习感到迷茫，学习效率低下。

三、教学内容因素

(一) 内容难易程度

1. 符合学生水平

教学内容如果太难，超出了学生的理解能力范围，会让学生产生畏难情绪，如在大学高等数学的某些课程中，对于刚从高中进入大学的学生，如果一开始就讲授过于深奥的数学分析理论，学生可能会听得一头雾水。而内容过于简单，又无法满足学生的学习需求，不能激发他们的学习兴趣，同样会影响教学效率。

2. 循序渐进性

教学内容的安排应该是循序渐进的。例如，在英语语法教学中，应该从简单的句子结构开始，逐步过渡到复杂的从句和虚拟语气等内容。如果教学内容跳跃性太大，学生会难以适应，学习效率也会受到影响。

(二) 内容趣味性与实用性

1. 激发兴趣

有趣的教学内容能够吸引学生的注意力。在地理课上，若教师结合旅游景点、美食等有趣的元素讲解地理知识，如在介绍某个国家时，穿插当地著名的旅游胜地和特色美食，学生会更感兴趣。而枯燥的内容会使学生失去学习的动力。

2. 实践价值

具有实用性的教学内容让学生看到知识的实际应用价值。在计算机课程中，教授学生软件操作时，如果能结合实际的办公场景或创意设计场景，让学生明白所学的知识可以帮助他们解决实际问题，则会提高学生的学习积极性和学习效率。

（三）教学环境因素

1. 物理环境

（1）教室设施。良好的教室设施有助于教学效率的提高。例如，在多媒体教室中，教师可以利用投影仪、电子白板等设备展示丰富的教学资源，如播放教学视频、展示动态的图表等，使教学内容更加生动形象；而如果教室的设备陈旧、损坏，如投影仪画面模糊、音响效果差等，会影响教学效果。

（2）座位布局。合理的座位布局能够方便学生之间的互动和交流，也有利于教师关注到每个学生。例如，小组讨论式的座位排列可以促进生生互动，提高学生的参与度；而传统的行列式座位布局可能更便于教师进行集中讲解。

2. 心理环境

（1）课堂氛围。积极向上、轻松愉快的课堂氛围能够提高学生的学习效率。在这样的氛围中，学生敢于提问、敢于表达自己的观点；而紧张、压抑的氛围会让学生产生心理压力，不敢发言，影响教学的互动环节。

（2）师生关系。良好的师生关系是提高教学效率的重要保障。如果师生关系融洽，学生喜欢和信任教师，就会更愿意接受教师的教导，积极配合教学；而师生关系紧张可能会导致学生抵触情绪，降低教学效率。

第三节　提高课堂教学效率的方法与途径

一、提高课堂教学效率的方法

（一）精心设计教学目标

1. 明确性与具体性

教学目标应清晰明确，避免模糊和笼统的表述。例如，在一节初中英语课上，目标可以是"学生能够正确使用一般过去时描述过去发生的事件，包括规则动词和不规则动词的正确变形，并且能够在口语和写作中运用，准确率达到80%以上"。这样具体的目标为教学活动提供了明确的方向，也让学生清楚地知道自己要达到的学习成果。

2. 层次性与可操作性

考虑到学生的个体差异，教学目标应该有层次。对于基础较弱的学生，目标可以侧重于基本概念的理解和简单应用；对于学有余力的学生，目标可以包括知识的拓展和深入探究。同时，目标要具有可操作性，能够通过具体的教学活动和评价方式来衡量。比如，在数学函数教学中，基础目标是学生能理解函数的概念和基本表示方法，高层次目标是学生能够运用函数解决实际生活中的优化问题，如利润最大化等。

（二）有效组织教学内容

1. 整合与优化教材内容

教师不应局限于教材的顺序和内容，而应根据教学目标和学生实际情况进行整合。例如，在历史教学中，如果教材按时间顺序编排内容，教师可以根据主题，如政治制度演变、经济发展历程等，对相关内容进行重新组合，帮助学生建立更系统的知识体系。同时，对于教材中一些过时或不适合学生的内容，可以适当删减或替换。

2. 合理安排内容结构

教学内容的呈现要遵循由浅入深、循序渐进的原则。在物理课上，当讲解力学时，先从简单的力的概念和基本的受力分析入手，再逐步引入复杂的牛顿第二定律和功能关系等内容。并且，要注意内容间的连贯性，在每一个新知识点的讲解前，回顾与之相关的旧知识，帮助学生建立知识间的联系。

（三）多样化教学方法选择

1. 讲授法与启发式教学相结合

讲授法是课堂教学的基本方法，但要避免"满堂灌"。教师在讲解知识时，可以通过提问、设置悬念等方式启发学生思考。例如，在语文课文讲解中，教师在介绍背景知识后，不要直接分析文章内容，而是先问学生"如果你们处在作者当时的情境下，会有怎样的感受和想法呢？"，引导学生自主思考，然后结合学生的回答进行深入分析。

2. 运用小组合作学习法

将学生分成小组，共同完成学习任务。在小组合作中，学生可以相互交流、相互启发。例如，在生物实验课中，小组同学一起设计实验方案、进行实验操作和记录数据。通过合作，学生不仅能提高知识水平，还能培养团队合作能力和沟通能力。同时，教师要合理安排小组任务，确保每个学生参与其中。

3. 采用情境教学法

创设与教学内容相关的真实情境，让学生在情境中学习知识。在地理课上，教师可以通过播放世界各地的自然风光视频，将学生带入不同的地理环境中，然后引导学生分析当地的地形、气候等地理特征。在数学应用题教学中，可以创设生活中的购物、行程等实际情境，让学生感受到数学的实用性。

（四）充分利用教学资源

1. 多媒体资源的运用

利用投影仪、电子白板等设备展示图片、视频、动画等多媒体资料，增强教学内容的直观性和趣味性。在化学课上，通过动画演示分子的运动、化学反应的过程，帮助学生理解抽象的化学概念。在美术课上，通过展示不同画家的作品，让学生更直观地感受艺术风格的差异。

2. 网络资源的整合

教师可以从互联网上获取丰富的教学资源，如在线课程、教学案例、学术论文等。例如，在计算机编程课上，教师可以推荐一些优质的在线编程教程给学生，让他们进行拓展学习。同时，教师可以利用网络平台开展线上教学活动，如布置在线作业、进行线上讨论等。

（五）关注学生个体差异

1. 分层教学

根据学生的学习能力、知识水平等因素将学生分为不同层次，实施分层教学，也可在教学目标、教学内容和教学方法上进行分层。例如，在英语阅读教学中，对于基础较弱的学生，提供简单的阅读材料，目标是理解文章大意；对于中等水平的学生，提供稍有难度的材料，要求能够理解细节信息；对于高水平的学生，提供具有挑战性的材料，如英文原版小说片段，要求能够进行深层次的理解和分析。

2. 个别辅导

在课堂教学和课后，关注个别学生的特殊需求，进行一对一的辅导。对于学习困难的学生，了解他们的具体问题，如知识漏洞、学习方法不当等，给予针对性的帮助。对于有特殊才能的学生，提供个性化的学习建议和资源，促进他们的特长发展。

（六）加强课堂管理与互动

1. 建立良好的课堂秩序

在课堂开始时，和学生一起制定课堂规则，如遵守纪律、尊重他人发言等。通过正面的激励和适当的惩罚措施来维护课堂秩序。例如，对于遵守课堂规则的学生给予表扬或奖励积分，对于违反规则的学生，可以采取警告、减少小组活动参与机会等措施。

2. 鼓励师生互动和生生互动

教师要主动与学生交流，通过提问、倾听学生回答、反馈等方式促进师生互动。同时，鼓励学生间的互动，如组织小组讨论、角色扮演等活动。在互动过程中，教师要引导学生学会倾听、表达和合作，提高学生的社交技能和学习效果。例如，在文学作品讨论课上，学生分享自己的读后感，倾听他人的观点，在思想的碰撞中加深对作品的理解。

二、提高课堂教学效率的途径

（一）教师专业发展途径

1. 参加培训与进修

教师可以参加学校或教育机构组织的各种专业培训课程。这些培训课程涵盖教学方法、课程设计、教育技术等多个领域。例如，有关新的教学方法（如项目式学习、探究式学习）的培训，能让教师学习如何在课堂上有效地引导学生自主探索知识。通过参加教育技术培训，教师能够掌握最新的教学软件和在线工具的使用方法，如利用在线教学平台开展互动式教学活动。

学术进修也是提升教师专业素养的重要途径。教师可以攻读更高学位，如教育硕士、教育博士等，深入研究教育理论和教学实践中的问题。在进修过程中，他们可以接触到前沿的教育理念和研究成果，将这些成果带回课堂，优化教学策略。

2. 开展教学反思与行动研究

教学反思是教师提高教学效率的关键环节。教师可以在课后回顾自己的教学过程，思考教学目标是否达成、教学方法是否有效、学生的参与度如何等问题。例如，教师可以通过写教学反思日记的方式，记录每堂课的优点和不足之处，以及自己的改进措施。这种自我反思能够帮助教师不断调整教学行为，提高教学质量。

行动研究是一种将教学实践与研究相结合的方法。教师针对课堂教学中存在的实际问题，如学生学习积极性不高、小组合作效率低下等，制订研究计划，在教学过程中实施研究方案，并不断观察和收集数据，以评估研究效果。例如，教师可以尝试采用新的激励机制来提高学生的学习积极性，通过对比实施前后学生的课堂表现和学习成绩，判断该机制是否有效，从而为教学实践提供有价值的改进建议。

3. 观摩与交流优秀教学案例

观摩优秀教师的课堂教学是一种直观的学习方式。学校可以组织教师互相听课，或者观看优秀教学视频。在观摩过程中，教师可以学习优秀教师的教学设计、教学方法的运用、课堂管理技巧等。例如，观察一位富有经验的语文教师如何引导学生进行文本分析，学习其提问技巧和引导学生深入思考的方法，然后将这些技巧应用到自己的课堂教学中。

教师间的交流与分享非常重要。教师可以参加教学研讨会、工作坊等活动，与同行分享自己的教学经验和困惑，共同探讨解决方案。这种交流能够拓宽教师的视野，让他们接触到不同的教学理念和方法，从而丰富自己的教学策略库。

（二）学生学习引导途径

1. 培养学习习惯与策略

教师要注重培养学生良好的学习习惯，如预习、复习、做笔记等。在预习阶段，教师可以给学生提供预习提纲，引导学生初步了解教学内容，标记出自己不理解的地方。例如，在数学预习中，让学生尝试阅读教材中的定理和例题，做一些简单的思考和练习。复习时，教师可以指导学生通过总结知识点、制作思维导图等方式，加深对知识的理解和记忆。同时，教会学生有效的笔记方法，如采用不同颜色的笔标记重点、难点和易错点，以便课后复习。

帮助学生掌握学习策略也是提高课堂教学效率的重要途径。教师可以根据不同的学科特点，教授学生相应的学习策略。在阅读教学中，教会学生如何快速浏览、精读、概括文章大意等技巧；在理科学习中，引导学生学会分析问题、建立数学模型、归纳解题方法等策略。通过这些学习策略的培养，学生能够更高效地吸收知识，提高学习能力。

2. 激发学习兴趣与动机

结合教学内容和学生的兴趣点，采用多样化的教学方法来激发学生的学习兴趣。例如，在历史教学中，如果学生对历史故事感兴趣，教师可以以历史故事为线索展开教学，如讲述"赤壁之战"的故事引出三国时期的政治、经济和文化等内容。利用多媒体资源，如图片、视频、动画等，增强教学内容的趣味性和吸引力。在地理课上，播放美丽的自然风光视频或有趣的地理现象动画，激发学生对地理知识的探索欲望。

建立合理的激励机制，激发学生的学习动机。教师可以采用奖励制度，如对课堂表现优秀、成绩进步显著的学生给予小奖品、表扬信或加分等奖励。同时，开展小组竞赛、个人挑战等活动，培养学生的竞争意识和成就感。例如，在英语单词背诵比赛中，对背诵单词数量多、准确率高的学生进行奖励，让学生在竞争中提高学习积极性。

（三）教学环境优化途径

1. 改善物理环境

优化教室布局，使其更有利于教学活动的开展。根据教学模式的不同，可以灵活调整座位排列方式。例如，在进行小组合作学习时，将桌椅摆放成小组围坐的形式，方便学生交流讨论；在进行集中讲解或考试时，采用传统的行列式座位布局，保证学生能够集中注意力听讲或保证考试的公平性。

确保教室的教学设备齐全且功能良好。定期检查和维护多媒体设备、实验器材等设施。教师在教学过程中要充分利用这些设备，如利用投影仪展示教学课件、利用电子白板进行互动式教学、利用实验器材进行直观的实验演示等，以增强教学效果。

2. 营造心理环境

营造积极向上、轻松愉快的课堂氛围。教师要以热情、友好的态度对待学生，用微笑和鼓励的语言来缓解学生的紧张情绪。在课堂开始时，可以通过讲一个小笑话、分享一段有趣的经历等方式，拉近与学生的距离，营造轻松的氛围。在教学过程中，尊重学生的观点和想法，鼓励学生积极参与课堂讨论，对于学生的回答，无论正确与否，都给予肯定和引导，让学生感受到自己是课堂的主人。

构建良好的师生关系和生生关系。教师要公平对待每一个学生，关心他们的学习和生活情况，成为学生的良师益友。同时，引导学生间建立和谐的关系，鼓励学生互相帮助、互相学习。例如，在小组合作学习中，培养学生的团队合作精神，让他们在合作中增进友谊，提高学习效率。

第五章　课堂教学设计

第一节　课堂教学设计的基本含义及其特点

一、课堂教学设计的基本含义

课堂教学设计指教师根据教学目标和学生的特点，对课堂教学的各个环节进行系统规划和安排的过程。它是教学活动的重要组成部分，直接影响着教学效果和学生的学习成果。

课堂教学设计包括对教学内容的分析、教学目标的确定、教学方法的选择、教学过程的设计、教学评价的规划等方面。教师通过对这些方面的精心设计，旨在为学生创造一个有利于学习的环境，引导学生积极主动地参与学习，提高学生的学习效率和综合素质。

例如，在设计一节语文课《背影》的教学时，教师首先要分析课文的内容和特点，确定教学目标为让学生体会父爱的深沉、掌握细节描写的方法等。其次选择合适的教学方法，如朗读感悟、小组讨论、文本分析等。再次设计教学过程，包括导入、初读感知、精读赏析、拓展延伸等环节。最后规划教学评价，如通过课堂提问、作业布置、小测验等方式检验学生的学习效果。

二、课堂教学设计的特点

系统性课堂教学设计是一个系统工程，它涉及教学的各个方面，包括教学目标、教学内容、教学方法、教学过程、教学评价等。这些方面相互关联、相互影响，共同构成了一个有机的整体。教师在进行课堂教学设计时，要从整体上考虑各个方面的因素，确保教学设计的系统性和完整性。

例如，在设计一节数学课的教学时，教师不仅要确定教学目标和教学内容，还要选择合适的教学方法和教学手段，设计合理的教学过程和教学评价，使各个环节相互配合、相互促进，共同实现教学目标。

针对性课堂教学设计指针对特定的教学对象和教学内容进行。不同的学生具有不同的学习需求、学习能力和学习风格，不同的教学内容也有不同的特点和要求。教师在进行课堂教学设计时，要充分考虑学生的实际情况和教学内容的特点，制订出具有针对性的教学方案。

例如，在设计一节英语课的教学时，教师要根据学生的英语水平和学习需求，选择合适的教学内容和教学方法。对于英语基础较好的学生，可以选择一些难度较大的阅读材料和口语练习，以提高他们的英语综合能力；对于英语基础较弱的学生，可以选择一些简单的词汇和语法练习，以巩固他们的基础知识。

灵活性课堂教学是一个动态的过程，可能会出现各种意外情况和变化。因此，课堂教学设计要具有一定的灵活性，能够根据实际情况进行调整和修改。教师在进行课堂教学设计时，要预设各种可能出现的情况，并制订相应的应对措施，以便在教学过程中能够及时调整教学方案，保证教学的顺利进行。

例如，在设计一节科学课的教学时，教师可以预设学生在实验过程中可能出现的问题和错误，并准备好相应的指导和纠正方法。如果在教学过程中发现学生对某个知识点的理解存在困难，教师可以及时调整教学进度，增加讲解和练习的时间，以帮助学生更好地掌握知识。

创新性课堂教学设计要具有创新性，能够不断地探索和尝试新的教学方法和教学手段，以提高教学效果和学生的学习兴趣。教师在进行课堂教学设计时，要敢于突破传统的教学模式，结合现代教育技术和教学理念，设计出富有创意的教学方案。

例如，在设计一节信息技术课的教学时，教师可以利用多媒体教学软件、在线学习平台等现代教育技术手段，为学生创造一个生动、有趣、互动性强的学习环境。同时，教师可以采用项目式学习、小组合作学习等新型教学方法，激发学生的学习兴趣和创造力，提高学生的学习效果。

第二节 课堂教学设计的操作过程与若干思路

一、课堂教学设计的操作过程

(一) 教学目标设计

1. 分析课程标准与教材

深入研读课程标准,明确课程的总体目标、学段目标以及具体的内容标准。仔细研究教材,把握教材的编排体系、知识结构和重点难点内容。例如,在初中数学"函数"这一章节,课程标准要求学生理解函数的概念,能确定简单函数的自变量取值范围,并会求函数值。教材则可能从实际生活中的变量关系引入函数概念,再逐步深入到函数的表示方法和性质。教师要依据这些要求和内容确定具体的教学目标,如学生能够通过具体实例,如行程问题、销售问题等,准确地理解函数是描述两个变量之间对应关系的数学模型,并且能够熟练地运用解析法、列表法和图像法表示简单函数。

2. 考虑学生学情

了解学生已有的知识水平、认知能力和学习兴趣。可以通过课堂提问、作业批改、问卷调查、学生访谈等方式进行学情分析。比如,在教授高中英语阅读课之前,发现学生在词汇量、长难句理解和阅读技巧方面存在差异。此时,对于基础较弱的学生,教学目标可以设定为帮助他们掌握文章中的重点词汇,理解简单的句子结构,运用略读和寻读技巧获取文章的基本信息;而对于基础较好的学生,可以要求他们对文章进行深层次的分析,如理解作者的写作意图、分析文章的篇章结构、探讨文章所反映的社会文化现象等。

3. 制定具体、可测量的教学目标

教学目标应包括知识与技能、过程与方法、情感态度与价值观三个维度。知识与技能目标要明确学生需要掌握的知识点和技能操作;过程与方法目标注重学生学习过程中运用的方法和思维方式;情感态度与价值观目标关注学生在学习过程中的情感体验和价值观的培养。例如,在一节美术课"中国画的写意花鸟"

教学中，知识与技能目标可以是学生了解中国画写意花鸟的基本绘画工具、材料和技法，能够独立创作一幅简单的写意花鸟画；过程与方法目标是通过欣赏名家作品、教师示范、学生实践和作品互评等过程，培养学生的观察能力、审美能力和艺术表现力；情感态度与价值观目标是让学生感受中国画的独特魅力，培养学生对传统文化的热爱之情，提高学生的文化自信。

（二）教学内容设计

1. 选择教学内容

根据教学目标，从教材或其他教学资源中筛选合适的教学内容。要确保教学内容具有代表性、系统性和逻辑性。例如，在初中物理"电学"部分，教学目标是让学生掌握电路的基本组成、电流、电压和电阻的概念以及欧姆定律。教师可以选择电阻的概念引入，通过实验探究电阻大小与导体材料、长度、横截面积和温度的关系，然后讲解电流、电压的概念以及它们与电阻之间的关系，最后深入研究欧姆定律及其应用。在选择内容时，要避免内容过于繁杂或过于简单，应符合学生的认知规律。

2. 组织教学内容

对选定的教学内容进行合理组织编排，确定教学内容的先后顺序和呈现方式。可以采用线性式、螺旋式、并列式等组织方式。以历史教学为例，如果采用线性式组织方式，在讲述中国古代史时，可以按照朝代更替的顺序，依次介绍各个朝代的政治、经济、文化等方面的发展情况；螺旋式组织方式可以在不同学段反复讲述某个重要历史事件或人物，如在小学、初中和高中阶段都讲述秦始皇，但随着学段的升高，讲述的深度和广度不断增加；并列式组织方式可用于比较不同地区或国家在同一时期的历史发展，如在世界历史教学中，比较文艺复兴时期欧洲各国在文学、艺术、科学等方面的成就。同时，要考虑教学内容的衔接与过渡，使教学过程流畅自然。例如，在数学教学中，从代数内容过渡到几何内容时，可以通过一些几何图形与代数方程相关联的实例，如用方程表示圆的方程来实现自然过渡。

（三）教学方法设计

1. 讲授法

适用于系统传授知识、讲解概念原理等教学内容。教师通过生动、准确的语言向学生讲解知识要点。例如，在化学课上讲解元素周期表的结构和元素的性质递变规律时，教师可以运用讲授法，详细地阐述元素周期表的横行、纵列所代表的含义，元素的原子半径、化合价、金属性和非金属性等性质在周期表中的变化规律，并结合一些典型元素的实例进行说明，让学生对元素周期表有一个全面、系统的认识。

2. 讨论法

组织学生围绕某一教学主题进行讨论，培养学生的思维能力、合作能力和表达能力。例如，在语文课堂中，针对一篇具有争议性的文学作品，如《骆驼祥子》中祥子的悲剧命运到底是社会原因还是个人原因占主导，教师可以提出问题，让学生分组讨论。在讨论过程中，学生各抒己见，从不同的角度分析问题，引用文中的情节和语句作为论据，最后每组派代表发言，分享讨论结果。教师在这个过程中要起到引导、组织和总结的作用，确保讨论不偏离主题，并且能够引导学生深入思考。

3. 探究法

引导学生自主探究问题，培养学生的创新能力和实践能力。在科学课程中应用较为广泛。例如，在生物课上探究"种子萌发的条件"，教师可以先提出问题：种子萌发需要哪些条件？然后让学生自己设计实验方案，选择实验材料，如不同种类的种子、不同的温度、湿度环境等，进行实验操作并观察记录。在这个过程中，学生通过自主探究，发现问题、解决问题，最终得出种子萌发需要适宜的温度、一定的水分和充足的空气等条件的结论，不仅掌握了知识，更重要的是学会了科学探究的方法。

4. 演示法

教师通过展示实物、模型、实验操作等方式，让学生直观地了解教学内容。在物理课上，教师演示牛顿第二定律的实验，通过改变小车的质量、拉力的大小，测量小车的加速度，让学生直观地看到力、质量和加速度之间的关系，加深对牛顿第二定律的理解。在地理课上，教师可以展示地球仪、地形模型等教具，帮助学生理解地球的形状、海陆分布、地形地貌等知识。

（四）教学过程设计

1. 导入环节设计

导入要能够吸引学生的注意力，激发学生的学习兴趣，引出教学主题。可以采用多种导入方式，如问题导入、情境导入、故事导入、实验导入等。例如，在物理课"光的折射"教学中，可以采用实验导入，教师先将一根筷子插入装有水的杯子中，让学生观察筷子在水中"弯折"的现象，然后提出问题：为什么筷子在水中会发生弯折呢？从而引出光的折射这一教学主题。在英语课上，教师可以采用故事导入，讲述一个与本节课要学习的单词或语法相关的小故事，如在学习"过去进行时"的时候，讲述一个关于昨天某个时间段发生的事情或故事，故事中包含多个"过去进行时"的句子，让学生在听故事的过程中对"过去进行时"产生兴趣，并初步了解其用法。

2. 新授环节设计

这是教学过程的核心环节，要根据教学内容和教学方法进行精心设计。在新授环节中，要注意教学内容的呈现顺序、教学节奏的把握以及师生互动的安排。例如，在数学"三角形内角和定理"的教学中，教师可以先让学生通过量角器测量不同三角形的内角和，然后引导学生思考如何用推理的方法证明三角形内角和为180度。教师可以展示多种证明方法，如剪拼法、作平行线法等，在展示过程中，与学生进行互动，提问学生对每一步骤的理解，让学生参与到证明过程中，加深对定理的理解和掌握。

3. 练习环节设计

设计有针对性的练习题，帮助学生巩固所学知识，提高知识应用能力。练习题的难度要适中，要有梯度，包括基础题、提高题和拓展题。例如，在语文古诗词教学后，基础题可以是默写古诗词、解释重点字词的含义；提高题可以是对古诗词意境的理解、对诗歌艺术手法的分析；拓展题可以是让学生根据古诗词的内容进行改写、续写或创作一首同类型的诗歌。在练习过程中，教师要巡视指导，及时发现学生存在的问题，并进行辅导或集体讲解。

4. 总结环节设计

对本节课的教学内容进行总结归纳，帮助学生梳理知识体系，强化记忆。总结可以由教师进行，也可以让学生参与。例如，在化学课结束时，教师可以引导学生回顾本节课所学的化学反应方程式、实验现象、物质的性质等内容，让学生用简洁的语言概括重点知识。也可以让学生分组讨论，然后每组派代表进行总结发言，教师再进行补充完善。同时，在总结环节还可以对学生的学习情况进行评价，肯定学生的优点和进步，指出存在的不足，为后续学习提供参考。

（五）教学评价设计

1. 形成性评价设计

在教学过程中进行形成性评价，及时了解学生的学习情况，发现问题并调整教学策略。形成性评价可以采用课堂提问、课堂练习、小组作业、学习日记等方式。例如，在英语课堂教学中，教师可以通过课堂提问检查学生对新单词、语法知识的掌握情况；通过课堂练习了解学生对知识的应用能力；通过小组作业观察学生的合作学习能力和对知识的综合运用能力；通过学生的学习日记了解学生的学习感受、困惑和进步。教师根据形成性评价的结果，及时调整教学进度、教学方法或教学内容，如对于学生普遍存在问题的知识点，进行重点讲解或增加练习。

2. 总结性评价设计

在教学结束后进行总结性评价，对学生的学习成果进行全面评估。总结性评价可以采用考试、项目成果展示、论文等方式。例如，在数学课程结束后，通过期末考试考查学生对整个学期所学数学知识的掌握程度，包括代数、几何、统计等方面的知识；在计算机编程课程结束后，让学生完成一个项目，如设计一个简单的游戏或管理系统，并进行成果展示，评价学生的编程能力、创新能力和项目完成情况；在语文课程结束后，让学生写一篇论文，对某一文学作品或文学现象进行分析，评价学生的文学鉴赏能力、写作能力和对语文知识的综合运用能力。总结性评价的结果可以作为学生学业成绩评定的依据，也可以为教师改进教学提供反馈信息。

二、课堂教学设计的若干思路

（一）以学生为中心的设计思路

1. 关注学生需求

在教学设计过程中，充分考虑学生的学习需求、兴趣爱好和个体差异。例如，在设计体育课程时，了解到学生对不同体育项目的喜好程度不同，对于喜欢篮球的学生，可以在教学内容中增加篮球技巧训练、篮球比赛规则讲解等内容；对于喜欢瑜伽的学生，可以安排瑜伽课程，并根据学生的身体柔韧性和耐力等个体差异，设计不同难度级别的瑜伽动作。通过满足学生的需求，提高学生的学习积极性和参与度。

2. 促进学生自主学习

在设计教学活动时，应注重培养学生的自主学习能力。例如，在信息技术课程中，教师可以布置一些自主探究性的任务，如让学生自己探索某种软件功能，学生通过查阅资料、观看教程、尝试操作等方式完成任务，在这个过程中，学生学会了如何获取知识、如何解决问题，逐渐提高自主学习能力。教师可以提供学习资源，如在线学习平台、电子图书馆等，方便学生自主学习。

3. 鼓励学生参与评价

让学生参与教学评价过程，包括自我评价、互评等。在美术课上，学生完成作品后，先进行自我评价，分析自己作品的优点和不足，然后进行小组内互评，小组成员相互评价作品，提出建议和意见。最后教师进行总结性评价。这样的评价方式可以让学生从不同的角度认识自己的学习成果，提高学生的自我反思能力和审美能力，同时增强了学生在教学过程中的主体地位。

（二）基于问题解决的设计思路

1. 创设问题情境

在教学开始时，创设与教学内容相关的问题情境，激发学生的问题意识和探究欲望。例如，在物理课"摩擦力"教学中，教师可以创设这样一个问题情境：在冰面上行走容易滑倒，而在普通路面上行走相对安全，这是为什么呢？通过这个问题情境，引出摩擦力的概念和影响摩擦力大小的因素。在历史课上，教师可以提出问题：为什么工业革命首先在英国发生？让学生带着问题去探究英国当时的政治、经济、社会等方面的情况，从而深入了解工业革命的背景和原因。

2. 引导学生探究问题

在教学过程中，引导学生通过分析问题、提出假设、收集资料、验证假设等步骤来解决问题。在生物课"探究细胞呼吸的方式"教学中，教师先提出问题：细胞呼吸有哪些方式？然后引导学生根据已有的知识提出假设，如可能有氧呼吸和无氧呼吸两种方式。最后学生通过设计实验，如利用酵母菌在有氧和无氧条件下进行发酵实验，收集实验数据，如产生的二氧化碳量、酒精量等验证假设。在这个过程中，学生不仅掌握了细胞呼吸的知识，更重要的是学会了科学探究的方法和思维方式。

3. 培养学生问题解决能力

通过一系列基于问题解决的教学活动，培养学生解决问题的能力。在数学教学中，教师可以提供一些实际生活中的数学问题，如计算家庭装修所需材料的费用、规划旅游路线的最短距离等，让学生运用所学数学知识去解决这些问题。在解决问题的过程中，学生需要分析问题的条件和要求，选择合适的数学模型和方法，进行计算和推理，最终得出解决方案。这样可以提高学生的数学应用能力和问题解决能力，使学生能够将所学知识灵活运用到实际生活中。

（三）整合信息技术的设计思路

1. 利用多媒体资源辅助教学

多媒体资源具有直观、形象、生动等特点，可以有效地辅助教学。在语文教学中，利用图片、视频等多媒体资源展示文学作品所描绘的场景、人物形象等，可以让学生更直观地感受作品的意境。例如，在讲解《苏州园林》时，播放苏州园林的视频，让学生欣赏园林的美景，然后结合课文内容进行分析，这样可以加深学生对课文的理解。在科学教学中，利用动画演示科学原理和实验过程，如在物理课上演示电磁感应现象的动画，帮助学生理解抽象的物理概念。

2. 开展在线教学与学习活动

借助网络平台开展在线教学活动，如在线直播授课、在线讨论、在线作业提交与批改等。现在，很多学校采用在线教学平台进行教学，教师通过直播讲解课程内容，学生可以实时提问、互动交流。教师还可以利用在线学习平台布置作业，学生完成作业后在线提交，教师进行批改并及时反馈给学生。此外，可以开展在线合作学习活动，如学生分组完成一个项目，通过网络平台进行沟通、协作，打破时间和空间的限制，提高教学效率和学习效果。

3. 运用教育软件优化教学

教育软件种类繁多，功能各异，可以根据教学需求选择合适的教育软件。在数学教学中，使用数学绘图软件，如几何画板，可以方便绘制几何图形，动态展示图形的变化过程，帮助学生更好地理解几何性质和定理。在语言教学中，使用语言学习软件，如英语学习软件，可以提供丰富的听力、口语、阅读、写作练习资源，还可以进行智能语音评测，帮助学生提高语言学习能力。通过运用教育软件，可以丰富教学手段，提高教学质量。

第三节 课堂教学设计的基本要求与主要内容

一、课堂教学设计的基本要求

(一) 科学性

1. 教学目标科学合理

教学目标应符合课程标准和学生的认知规律。例如，在数学课程中，对于某个特定知识点的教学目标设定，要依据该知识点在数学知识体系中的位置以及学生已有的数学基础。如在初中代数教学中，一元二次方程的教学目标不能设定得过高，要求学生在初步学习阶段就掌握所有复杂的应用题型是不科学的，而应从理解方程的概念、掌握基本的求解方法如因式分解法、公式法等入手，逐步过渡到简单的实际应用。同时，目标的表述要准确、清晰，避免模糊和歧义，能够明确地反映出学生在知识、技能、情感态度等方面应达到的水平。

2. 教学内容准确无误

教师对所教授的教学内容必须有深入透彻的理解，确保知识的准确性。无论是概念的讲解、原理的阐述还是案例的引用，都不能出现错误。在物理教学中，讲解牛顿运动定律时，对于力、加速度、质量等概念的定义以及它们之间关系的表述必须精准。例如，不能错误地解释加速度与力的方向关系，否则会导致学生对整个知识体系的理解偏差。并且，教学内容的组织应遵循学科知识的内在逻辑，体现出系统性和连贯性，如在历史教学中，按照历史发展的时间顺序或事件的因果关系来组织内容，使学生能够构建起完整的历史知识框架。

(二) 系统性

1. 整体规划教学过程

教学设计要从整体上考虑教学的各个环节，包括导入、新授、练习、总结等，使其相互衔接、过渡自然。例如，在语文阅读课教学中，导入环节可以通过设置与文章主题相关的问题或情境，引发学生的兴趣和思考，为新授环节做好铺垫；在新授环节中，教师对文章的分析、讲解要逐步深入，引导学生理解文章的结构、内容、主题等；练习环节可根据新授内容设计有针对性的题目，如对文章中重点语句的理解、写作手法的运用等进行练习；总结环节对整堂课的内容进行回顾和梳理，强化学生的记忆。各个环节紧密配合，形成一个完整的教学系统，以实现教学目标。

2. 整合教学资源

要将教材、教具、多媒体资源、网络资源以及人力资源（如教师自身、学生群体等）进行有机整合。在地理教学中，教材提供了基本的地理知识框架，教师可以结合地球仪、地图等教具，让学生直观地了解地球的形状、海陆分布等；利用多媒体资源如视频、图片展示不同地区的地理风貌、自然灾害等现象，增强教学的直观性；可以引导学生利用网络资源查阅地理信息，进行拓展学习。同时，教师要充分发挥自身的引导作用，组织学生开展小组讨论、合作学习等活动，发挥学生的相互学习和促进作用，使各种教学资源相互补充，共同服务于教学。

（三）可行性

1. 符合教学实际条件

教学设计要考虑学校的教学设施、教学时间、班级学生数量等实际情况。如果学校的多媒体设备有限，那么在设计教学时不能过度依赖多媒体课件展示，而应更多地采用实物演示、板书等传统教学手段与简单的多媒体资源相结合的方式。在教学时间方面，要合理安排每个教学环节的时长，确保能够在规定的课时内完成教学任务。例如，在一节45分钟的数学课上，如果教学内容较多，就不能在导入环节花费过多时间，而应简洁明了地引出主题，将更多时间用于重点知识的讲解和练习。对于班级学生数量较多的情况，在设计小组活动时，要考虑分组的合理性和可操作性，确保每个学生都能参与到活动中。

2. 适应学生的学习能力和特点

充分了解学生的知识水平、学习能力、学习风格等个体差异，设计出适合大多数学生的教学方案。在英语教学中，如果学生的英语基础参差不齐，那么在设计教学内容时，可以分层设计教学任务。对于基础薄弱的学生，侧重于基础知识如单词、简单句型的学习和巩固；对于基础较好的学生，可以安排一些拓展阅读、写作等任务。同时，根据学生不同的学习风格，如视觉型、听觉型、动觉型等，采用多样化的教学方法。例如，对于视觉型的学生，可以多使用图片、颜色、图表等教学资源；对于听觉型的学生，增加英语听力材料的使用，如英语歌曲、英语广播等，使教学能够被大多数学生接受并有效实施。

（四）创新性

1. 教学方法创新

不断探索和尝试新的教学方法，以激发学生的学习兴趣和提高教学效果。例如，采用项目式学习法，在信息技术课程中，让学生分组完成一个小型的软件设计项目，从项目的需求分析、设计、编码到测试，学生全程参与。在这个过程中，学生不仅学习了信息技术知识，还培养了团队合作能力、问题解决能力和创新能力。或者运用情境教学法，在化学课上，创设一个"化学实验室事故处理"的情境，让学生扮演不同的角色，如实验室管理员、事故处理专家等，通过解决情境中的化学问题，深入理解化学知识的应用，改变传统的教师单一讲授模式，给学生带来全新的学习体验。

2. 教学内容创新呈现

在遵循教学大纲的基础上，对教学内容进行创新呈现。可以结合当下的社会热点、科技发展成果等对教学内容进行拓展和更新。在生物教学中，当讲到基因工程时，可以引入最新的基因编辑技术如 CRISPR-Cas9 的研究成果，让学生了解基因工程领域的前沿动态，拓宽学生的视野。同时，在教学内容的呈现形式上，可以采用故事化、游戏化等方式。例如，在数学教学中，将数学知识编成有趣的数学故事，如"数字王国的冒险"，让学生在听故事的过程中学习数学知识；或者设计数学游戏，如数学解谜游戏，使学生在玩游戏的过程中提高数学思维能力，增加教学内容的趣味性和吸引力。

二、课堂教学设计的主要内容

（一）教学目标设计

1. 知识与技能目标

明确学生需要掌握的学科基础知识和基本技能。在物理课"电学"教学中，知识目标可以是学生理解电路的基本组成部分，包括电源、导线、开关、用电器等，掌握电流、电压、电阻的概念及其单位，学会运用欧姆定律进行简单的电路计算；技能目标是学生能够正确连接简单的电路，使用电流表、电压表测量电路中的电流和电压值，能够根据给定的电路要求选择合适的电阻等元件进行电路组装和调试。

2. 过程与方法目标

注重学生在学习过程中所运用的方法和思维方式的培养。在语文阅读教学中，过程与方法目标可以是学生通过精读、泛读等阅读方法，学会分析文章的结构、把握文章的主题思想，提高阅读速度和理解能力；在科学探究课程中，学生通过提出问题、作出假设、设计实验、进行实验、分析数据、得出结论等科学探究过程，掌握科学探究的方法和步骤，培养逻辑思维能力、观察能力和实验操作能力。

3. 情感态度与价值观目标

关注学生在学习过程中的情感体验和价值观的塑造。在美术课教学中，情感态度与价值观目标可以是学生在欣赏和创作美术作品的过程中，感受美、创造美，提高审美情趣，培养对艺术的热爱之情；在历史课教学中，通过对历史事件和人物的学习，让学生树立正确的历史观，如尊重历史事实、从历史中汲取经验教训等，培养学生的爱国主义情感和民族自豪感。

（二）教学内容设计

1. 分析教材内容

深入研究教材，把握教材的编写意图、知识结构和重点难点。在数学教材中，对于函数这一章节，要分析其在整个数学知识体系中的地位和作用，它是对之前代数知识的进一步拓展和深化，也是后续学习高等数学的重要基础。确定函数的重点内容如函数的概念、函数的图像与性质、几种基本函数类型等，以及难点内容如函数的抽象概念理解、函数图像的变换等，为教学内容的选择和组织提供依据。

2. 选择与组织教学内容

根据教学目标和学生实际情况，从教材以及其他教学资源中选择合适的教学内容，并进行合理组织。在地理课"世界气候"教学中，选择不同气候类型的分布、特征、成因等内容进行教学。可以按照气候带的划分，从热带气候开始，依次介绍亚热带气候、温带气候、寒带气候等，先讲解每种气候类型的主要特征，再分析其成因，最后探讨其在全球的分布规律，使教学内容呈现一定的逻辑性和系统性，便于学生理解和掌握。

（三）教学方法设计

1. 讲授法

教师通过口头语言系统地向学生传授知识。在政治课教学中，对于一些理论性较强的概念和原理，如马克思主义哲学中的辩证法、认识论等内容，教师可以运用讲授法，结合实际生活中的案例进行深入浅出的讲解，使学生理解这些抽象的理论知识。在讲授过程中，教师要注意语言表达的准确性、逻辑性和生动性，吸引学生的注意力，提高讲授效果。

2. 讨论法

组织学生围绕特定的教学主题进行讨论交流。在语文课"文学作品赏析"教学中，教师可以提出如"《哈姆雷特》中哈姆雷特的性格特点及其成因"这样的问题，让学生分组讨论。在讨论过程中，学生各抒己见，从不同的角度分析哈姆雷特的性格，如犹豫、勇敢、智慧等特点，并探讨其形成的家庭、社会、个人心理等原因。教师在学生讨论过程中要进行巡视指导，引导学生深入思考，鼓励学生发表不同的观点，最后对讨论结果进行总结归纳，加深学生对文学作品的理解。

3. 演示法

教师通过展示实物、模型、实验操作等直观手段辅助教学。在物理课"光学"教学中，教师可以演示光的折射实验，将一束光通过空气射向水中，让学生观察光在两种介质界面处的折射现象，看到光线的传播方向发生改变，从而直观地理解光的折射原理。在演示过程中，教师要向学生讲解实验的目的、步骤、注意事项等，让学生不仅看到实验现象，更能明白其中的科学道理。

4. 探究法

引导学生自主探究问题，获取知识。在生物课"探究植物细胞的吸水和失水"教学中，教师提出问题：植物细胞在什么情况下会吸水，什么情况下会失水？并引导学生作出假设，如植物细胞周围溶液浓度高于细胞液浓度时失水，反之吸水。然后，学生自己设计实验，选择洋葱鳞片叶表皮细胞作为实验材料，分别用不同浓度的蔗糖溶液处理，观察细胞的形态变化，记录实验数据。最后，分析数据得出结论。通过探究法，学生能够亲身体验科学探究的过程，培养科学探究能力和创新精神。

（四）教学过程设计

1. 导入环节

采用多种方式导入教学主题，激发学生的学习兴趣和求知欲。在化学课"金属的化学性质"教学中，可以采用实验导入，如将钠投入水中，学生看到钠在水面上剧烈反应，产生火焰和气体，这种新奇的实验现象会引起学生的极大兴趣，教师顺势引出金属的化学性质这一教学主题。也可以采用问题导入，如提问学生：为什么金银可以作为货币材料，而铁铝不行呢？引发学生的思考，然后进入金属的化学性质如金属的活动性、金属与氧气、酸、盐的反应等内容的教学。

2. 新授环节

这是教学过程的核心部分，根据教学内容和教学方法进行详细设计。在数学课"三角形全等的判定"教学中，新授环节首先回顾三角形的定义和性质，然后引出三角形全等的概念，接着重点讲解三角形全等的判定定理，如 SSS（边边边）、SAS（边角边）、ASA（角边角）、AAS（角角边）等。教师可以通过图形演示、例题讲解、学生练习等方式，让学生理解和掌握这些判定定理。在讲解过程中，要注重与学生的互动，提问学生对定理的理解，让学生上台演示定理的应用等，提高学生的参与度。

3. 练习环节

设计有针对性的练习题，帮助学生巩固所学知识，提高知识应用能力。在英语课教学中，新授单词和语法知识后，练习环节可以设计单词拼写、词义辨析、语法填空、造句等题目。例如，学习了一般过去时后，让学生用一般过去时改写句子、描述过去发生的事情等，通过练习，加深学生对一般过去时的理解和运用能力。同时，教师要在学生练习过程中进行巡视指导，及时发现学生存在的问题并给予帮助。

4. 总结环节

对本节课的教学内容进行总结归纳，强化学生的记忆。在物理课结束时，教师可以引导学生回顾本节课所学的物理概念、公式、实验现象等内容，如在"功和功率"教学后，总结功的定义（力与在力的方向上移动的距离的乘积）、公式（$W=Fs$）、功率的定义（功与做功所用时间的比值）、公式（$P=W/t$）以及功和功率在实际生活中的应用等。可以让学生自己先进行总结发言，然后教师进行补充完善，这样有助于提高学生的总结归纳能力和对知识的整体把握能力。

（五）教学评价设计

1. 形成性评价

在教学过程中进行的评价，目的是及时了解学生的学习情况，调整教学策略。可以采用课堂提问、课堂小测验、小组活动评价等方式。在历史课教学中，教师可以在讲解某个历史时期的过程中，通过课堂提问，如"秦始皇统一六国的时间和意义是什么？"来检查学生对知识的即时掌握情况；通过课堂小测验，如让学生填写历史事件的时间轴，考查学生对一段时间内历史事件顺序的记忆；在小组活动中，如小组合作制作历史手抄报，评价小组的合作情况、手抄报的内容质量等，根据形成性评价的结果，教师可以及时调整教学进度、教学方法或对学生进行个别辅导。

2. 总结性评价

在教学结束后进行的全面评价，主要评价学生的学习成果。可以采用期末考试、课程论文、项目成果展示等方式。在计算机编程课程结束后，通过期末考试考查学生对编程知识如语法结构、算法设计、程序调试等的掌握情况；或者让学生完成一个课程项目，如设计一个小型的数据库管理系统，并进行成果展示，评价学生的编程能力、项目设计能力和创新能力等，总结性评价的结果可以作为学生学业成绩评定的依据，也可为教师改进教学提供反馈信息。

第六章　课堂教学模式

第一节　课堂教学模式概述

一、课堂教学模式的定义

课堂教学模式是在一定教学思想或教学理论指导下建立起来的较为稳定的教学活动结构框架和活动程序。它既是教学理论的具体化，又是教学经验的一种系统概括。

教学模式通常包括教学目标、教学内容、教学方法、教学过程和教学评价等要素。这些要素相互联系、相互作用，共同构成了一个完整的教学模式。

例如，在探究式教学模式中，教学目标是培养学生的探究能力和创新思维；教学内容通常是具有一定挑战性和开放性的问题；教学方法主要是引导学生自主探究、合作学习；教学过程包括问题提出、假设形成、实验验证、结论得出等环节；教学评价注重对学生探究过程和创新能力的评价。

二、课堂教学模式的特点

完整性课堂教学模式是一个完整的体系，它涵盖了教学的各个方面，包括教学目标、教学内容、教学方法、教学过程和教学评价等。这些要素相互关联、相互作用，共同构成了一个有机的整体。

稳定性课堂教学模式是在一定教学思想或教学理论指导下建立起来的，具有一定的稳定性。它不是随意变化的，而是经过实践检验和不断完善的。

可操作性课堂教学模式具有明确的教学活动结构框架和活动程序，便于教师在教学中操作和实施。教师可以根据教学模式的要求，有步骤地进行教学活动，提高教学的效率和质量。

灵活性课堂教学模式虽然具有一定的稳定性，但并不是一成不变的。教师可以根据教学的实际情况，对教学模式进行适当的调整和创新，以适应不同的教学需求。

三、课堂教学模式的类型

（一）以教师为中心的教学模式

1. 讲授式教学模式

教师通过讲解、演示等方式向学生传授知识，学生被动地接受知识。

2. 演示式教学模式

教师通过演示实验、实物展示等方式向学生传授知识，学生通过观察和思考来理解知识。

3. 训练式教学模式

教师通过布置练习、作业等方式让学生巩固所学知识，学生通过练习和作业来提高自己的能力。

（二）以学生为中心的教学模式

1. 探究式教学模式

学生在教师的引导下，通过自主探究、合作学习等方式来获取知识和解决问题。

2. 讨论式教学模式

学生在教师的组织下，围绕一个问题进行讨论和交流，通过相互启发和思维碰撞来获取知识和提高能力。

3. 自主学习式教学模式

学生在教师的指导下，根据自己的学习需求和兴趣爱好，自主选择学习内容和学习方式，进行独立的学习和思考。

（三）混合型教学模式

1. 合作学习式教学模式

学生在教师的组织下，以小组为单位进行合作学习，通过分工合作、相互交流和共同努力来完成学习任务。

2. 问题解决式教学模式

学生在教师的引导下，围绕一个实际问题进行探究和解决，通过问题解决的过程来获取知识和提高能力。

3. 项目式学习教学模式

学生在教师的指导下，以完成一个项目为目标，通过自主探究、合作学习和实践操作等方式来完成项目任务，在项目完成的过程中获取知识和提高能力。

四、课堂教学模式的选择

（一）根据教学目标选择教学模式

不同的教学目标需要不同的教学模式来实现。例如，如果教学目标是传授知识，那么讲授式教学模式可能比较适合；如果教学目标是培养学生的探究能力和创新思维，那么探究式教学模式可能比较适合。

（二）根据教学内容选择教学模式

不同的教学内容需要不同的教学模式来呈现。例如，如果教学内容是理论性较强的知识，那么讲授式教学模式可能比较适合；如果教学内容是实践性较强的知识，那么实验式教学模式或项目式学习教学模式可能比较适合。

（三）根据学生特点选择教学模式

不同的学生具有不同的学习需求、学习能力和学习风格，需要不同的教学模式来满足。例如，如果学生的学习能力较强，那么自主学习式教学模式或探究式教学模式可能比较适合；如果学生的学习能力较弱，那么讲授式教学模式或演示式教学模式可能比较适合。

（四）根据教学条件选择教学模式

教学条件也会影响教学模式的选择。例如，如果教学设备和资源比较充足，那么多媒体教学模式或网络教学模式可能比较适合；如果教学设备和资源比较有限，那么传统的讲授式教学模式或讨论式教学模式可能比较适合。

总之，课堂教学模式的选择要综合考虑教学目标、教学内容、学生特点和教学条件等因素，选择最适合的教学模式，以提高教学的效率和质量。

第二节　课堂教学模式的分类

一、传递——接受式教学模式

（一）理论基础

主要源于赫尔巴特的教学理论以及苏联凯洛夫的教育学思想。这种理论强调以教师为中心，注重知识的系统传授。教师被视为知识的拥有者和传递者，学生是知识的接受者，教学过程被看作教师将知识有计划、有步骤地传授给学生的过程，以帮助学生构建系统的知识体系。

（二）教学程序

通常按照"复习旧课—导入新课—讲解新课—巩固练习—布置作业"的顺序进行。例如，在数学课堂上，首先，教师会复习上节课所学的数学公式和定理，通过提问学生或者让学生做一些简单的练习题来回顾旧知识。其次，通过生活实例或者数学问题引出新课内容，如在讲解函数概念时，以气温随时间变化或者汽车行驶路程与速度、时间的关系为例导入。再次，教师系统地讲解函数的定义、定义域、值域、函数的表示方法等新知识，在讲解过程中会结合大量的例题进行分析和演示。又次，安排学生做一些与新课知识相关的练习题，如给定函数表达式求定义域、值域，根据给定条件写出函数表达式等，以巩固所学知识。最后，布置课后作业，作业内容一般是对课堂所学知识的进一步拓展和深化，如一些综合性较强的函数应用问题。

（三）特点与适用范围

其特点是教学过程注重知识的系统性和逻辑性，教师的主导作用得到充分发挥，能够高效地传授大量知识。这种教学模式适用于基础知识和基本技能的教学，尤其是在一些逻辑性较强、知识体系较为严谨的学科，如数学、物理、化学等学科的概念、定理、公式等基础知识的讲授中应用广泛。但它可能在一定程度上忽视了学生的主动性和创造性，学生的学习较为被动，缺乏自主探究和创新思维的培养。

二、自学——辅导式教学模式

（一）理论基础

以人本主义学习理论和建构主义学习理论为支撑。人本主义强调学生的自我实现和自主学习能力，建构主义认为学生是知识的主动建构者。这种教学模式注重学生的自主学习，教师的作用更多的是引导和辅导学生进行学习，帮助学生在自主学习过程中构建自己的知识体系。

（二）教学程序

一般是"提出自学要求—学生自学—教师辅导—讨论交流—总结归纳"。比如，在语文阅读教学中，首先，教师提出自学要求，如要求学生通读课文，圈出生字词，概括文章的主要内容，分析文章的结构等。其次，学生根据要求进行自主阅读学习，在这个过程中，学生可以运用自己的阅读方法和学习策略，如查字典解决生字词问题，通过划分段落、归纳段意来分析文章结构。教师在学生自学过程中进行巡视，发现学生存在的问题并进行个别辅导，如对于理解困难的学生，教师可以引导他们从文章的标题、开头、结尾等关键部位寻找线索，或者对一些重点语句进行分析解读。再次，组织学生进行小组讨论交流，分享自己在自学过程中的发现、疑问和感悟，如对文章主题的理解、人物形象的分析等。最后，教师对学生的讨论结果进行总结归纳，梳理文章的重点知识和核心思想，如文章的主题思想、写作特色等，并对学生的学习情况进行评价，肯定学生的优点，指出存在的不足，为后续学习提供指导。

（三）特点与适用范围

该模式突出学生的主体地位，有利于培养学生的自主学习能力、独立思考能力和合作交流能力。适用于具有一定自学能力的学生群体，在一些语言类学科如语文、英语的阅读教学、写作教学以及一些社会科学类学科如历史、政治等学科的部分内容教学中较为适用。但它对学生的自觉性和自律性要求较高，如果学生缺乏自主学习的动力和能力，可能会导致学习效果不佳，而且教师在辅导过程中难以兼顾所有学生的学习需求。

三、问题——探究式教学模式

（一）理论基础

基于杜威的"从做中学"理论和布鲁纳的发现学习理论。这些理论强调学生通过主动探究问题来获取知识，认为学习是一个积极主动的过程，学生在探究问题的过程中能够激发自身的思维能力、创新能力和实践能力，从而更好地理解和掌握知识。

（二）教学程序

通常为"创设问题情境—提出问题—学生探究—得出结论—拓展应用"。以科学课中的物理实验教学为例，首先，教师创设问题情境，如在讲解"摩擦力"时，教师可以展示一些生活中的现象，如在冰面上行走容易滑倒，而在普通路面上行走相对安全，或者不同材质的地面上推动同一物体的难易程度不同等，引发学生的好奇心和思考。其次，提出问题，如"摩擦力的大小与哪些因素有关?"并让学生分组进行探究。学生可能会提出各种假设，如与物体的重量、接触面的粗糙程度、物体的运动速度等因素有关，然后设计实验方案进行验证。例如，通过改变物体的重量，在同一接触面上来观察摩擦力的变化；或者改变接触面的粗糙程度，用同一物体在不同材质的平面上进行实验等。在实验过程中，学生收集数据、分析数据，最终得出结论，如摩擦力的大小与物体的重量和接触面的粗糙程度有关，物体越重、接触面越粗糙，摩擦力越大。最后，教师引导学生将探究得出的结论应用到实际生活中，比如，如何增大或减小摩擦力在生活中的应用，如汽车轮胎的花纹设计是为了增大摩擦力，而给机器加润滑油是为了减小摩擦力等。

（三）特点与适用范围

强调学生的主动参与和探究精神，能够培养学生的科学思维、创新能力和解决实际问题的能力。适用于培养学生探究能力和创新思维的教学内容，如科学课程中的实验探究部分、数学课程中的一些开放性问题探究、综合实践课程等。然而，这种教学模式对教学时间和教学资源要求较高，如果问题设计不当或者学生探究能力不足，可能会导致教学进度难以控制，教学任务无法完成。

四、情境——陶冶式教学模式

（一）理论基础

以洛扎诺夫的暗示教学理论为依据。该理论认为人的认识是有意识和无意识心理活动的统一，情感和认知是相互作用的，通过创设特定的情境，能够利用无意识心理活动的作用，激发学生的情感，从而促进学生对知识的学习和掌握，同时有助于学生良好情感态度和价值观的形成。

（二）教学程序

一般遵循"创设情境—参与各类活动—总结转化"的步骤。在美术欣赏课中，首先，教师创设情境，如通过播放轻柔的古典音乐，展示著名画家的多幅画作，营造出一种艺术氛围浓厚的情境。其次，让学生参与到各种活动中，如让学生自由地欣赏画作，从色彩、构图、线条等方面去感受画作的美，鼓励学生用语言描述自己看到画作时的感受和联想，也可以让学生模仿画作中的某些元素进行简单的创作。在学生参与活动的过程中，教师给予适当的引导和启发，如引导学生关注画作背后的文化内涵、画家的创作意图等。最后，教师对学生在活动中的体验和感悟进行总结转化，帮助学生将在情境中获得的情感体验和艺术感悟转化为对美术知识的理解和审美能力的提升，如总结不同绘画流派的特点、艺术风格等，使学生在情感和认知上都得到升华。

（三）特点与适用范围

注重情感的陶冶和情境的创设，能够使学生在轻松愉快的氛围中学习知识，有利于培养学生的审美情趣、情感态度和价值观。适用于一些艺术、文学、品德等注重情感体验和价值观培养的学科教学。但这种教学模式可能在知识传授的系统性和深度上有所欠缺，如果过度依赖情境创设，可能会导致学生对知识的掌握不够扎实。

五、互动式课堂教学模式

互动式课堂教学模式立足知识基础，着眼提高能力，教为主导，学为主体，以问题激起思维，以探究产生共鸣，以争辩掀起高潮，以问题解决实现目标达成，教学的环节设计要做到教法设计与学法设计并重。其教学环节如图6-1所示。

（一）感知。感知内容，发现问题

设置情景，巧妙导入。导入是教学的起始环节，恰如其分的导入能迅速将学生的思维引入教学内容的情景中，把学生的注意力和思维引到探求新知识上来，同时教师也自然的把学习目标展现给学生。导入形式可根据教学内容，灵活多样，但应紧扣本课学习内容，具有启发性和思维价值。

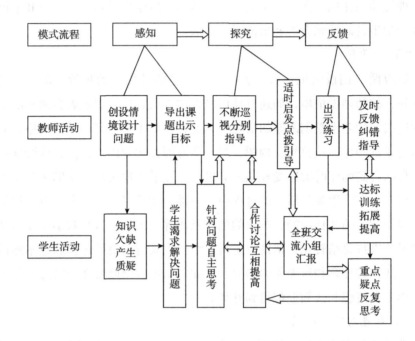

图 6-1 互动式课堂教学模式

（二）探究。探究疑难，解决问题

1. 师生互动，合作探究

这是课堂教学的中心环节，本环节采用版块式教学，将教学内容设计成四个版块，做到由浅入深层层推进，通过生生互动、师生互动探究，分析理解教材内容，使学生全面准确透彻地掌握、理解、运用知识，充分体现教为主导，学为主体，思维训练为主线的教学原则。

第一步感知教材，提出问题。学生根据教师列出目标思考题查阅课本，自主探究基本知识。教师提出要求，指导自学的方法。限定时间让学生阅读教材（查阅资料或互相交流），积极思考完成目标思考题。其间教师巡回指导，检查学生自主学习的情况，发现学生学习中的难点，确定重点讲解的内容及方法，同时对个别学生的个别问题进行知识或方法上的辅导。此环节的目的是让学生自学基础知识，充分地去感知生物，培养学生自主学习的能力，同时教师了解了学情，根据学情及时调整教学的重难点。

第二步互动探究，解决问题。学生之间就自主探究中存在的疑难问题相互提问，相互解答。自主探究结束后，教师在学生自主基础上是否询问学生还有那些不会或不明白的，给学生一个提问的机会，简单的知识点学生相互解答，较难的知识点小组讨论或教师引导学生思考、归纳。

第三步反馈矫正，巩固应用。教师根据新课程标准要求，围绕每一课的重点内容，精心设计练习题，检查学生对知识的理解及简单的运用情况。

第四步图说生物。新教材的编写注重图文并重，在每一课都精心选择很多与教学内容紧密相关的图片。教师展示每课中有重大意义的图片，让学生读图识图，帮助学生更好地理解和体会课文内容，同时能提高学生阅读生物材料水平和从中提炼有效信息的能力。

2. 构建网络，拓展升华

课堂小结是学生自主学习的培养契机和切入点，是学生舒展灵性的空间，是培养学生自主学习、合作学习、探究学习的一个关键环节，是一节课的"点睛之笔"。传统教学中小结这个环节基本上由教师完成。其实课堂小结不应该只是简单的复述一节课的主要内容，而是学生一种极好的自我反思的机会，这种自我反思的过程是一个思想升华的过程，是教师不能越俎代庖的。教师在学生畅所欲言的基础上展示自己的观点，既体现了师生教学相长，又引导学生注重生物与现实的联系，做到学以致用，从而使学生将刚学习的知识升华到一个更高的水平，克服了以教材为中心，以知识为中心的弊端，体现了新课程改革的理念，从而较好注重了对学生情感、态度、价值观的培养。

（三）反馈。反馈矫正，巩固拓展

1. 自我检测，巩固提高

本环节主要是知识运用、补偿提高，教师应根据教学目标，精心设计习题，本节习题设计既突出了教学内容的重难点，又灵活多样，很有新意，实现了寓教于乐，使学生更好地理解、巩固和掌握了知识。一方面，教师根据学生的练习情况判断教学目标的达成度；另一方面，在学生相互提问的过程中找出他们心目中的重点、难点，从而进行针对性补偿教学，达到最佳教学目的。

2. 学以致用

学习生物的根本目的在于应用，教师应该培养学生联系生活，关注社会。既活学活用了本课知识，又极大地调动了学生学习的积极性。

第三节 课堂教学模式的功能及其历史发展

一、课堂教学模式的功能

（一）桥梁中介功能

教学模式是教学理论与教学实践之间的桥梁。它源于教学实践，是对具体教学活动方式的优选、概括和加工，为教学提供了相对稳定的操作框架结构，具有内在逻辑关系和理论依据。同时，它又是教学理论的简化表现方式，通过简明的符号、图示和关系解释，反映教学理论的基本特征，帮助人们理解抽象理论，并为理论应用于实践提供可操作的实施程序，使教师能够摆脱仅凭经验教学的状况。

（二）方法论指导功能

教学模式的研究推动了教学研究方法论的革新。它引导人们从整体上综合探讨教学过程中各因素间的相互作用和多样化表现形态，以动态观点把握教学过程的本质和规律。这有助于加强教学设计，优化教学过程的组合，提高教学质量和效果。

（三）规范引导功能

教学模式为教师的教学行为提供了明确的规范和指导。它规定了教学的步骤、方法和策略，使教师在课堂教学中有章可循，能够按照一定的模式和程序组织教学活动，从而保证教学的科学性和有效性，提高教学效率。

（四）促进学生学习功能

不同的教学模式适用于不同的教学内容和学生群体，能够满足学生多样化的学习需求。例如，探究式教学模式可以激发学生的学习兴趣和主动性，培养学生的探究能力和创新思维；合作学习模式有助于培养学生的合作精神和团队协作能力，提高学生的沟通能力和人际交往能力。

（五）教学评价功能

教学模式通常包含教学评价这一要素，为教学效果的评价提供了依据和标准。通过对教学过程和教学结果的评价，可以及时发现教学中存在的问题和不足，为教学改进和优化提供参考，从而不断提高教学质量。

二、课堂教学模式的历史发展

（一）古代教学模式

古代教学的典型模式是教授式，其结构为"讲—听—读—记—练"。这种模式以教师为中心，教师灌输知识，学生被动接受，主要通过机械重复形式来学习，学生的主动性和创造性受到限制。

（二）近代教学模式

17世纪，随着自然科学内容和直观教学方法的引入以及班级授课制度的实施，夸美纽斯提出了以"感知—记忆—理解—判断"为程序结构的教学模式，强调教学过程中的直观性和系统性。19世纪，赫尔巴特从统觉论出发，提出了"明了—联合—系统—方法"的四阶段教学模式，后经其学生莱因改造为"预备—提示—联合—总结—应用"的五阶段教学模式。这些模式虽然在一定程度上注重了教学的逻辑性和系统性，但仍然忽视了学生的主体地位。

（三）现代教学模式

20世纪初，杜威提出了"以儿童为中心"的实用主义教学模式，强调"做中学"，其基本程序是"创设情境—确定问题—占有资料—提出假设—检验假设"。这一模式打破了传统教学模式的单一化倾向，突出了学生的主体作用，但也存在贬低教师指导作用、忽视知识系统性等缺陷。

（四）当代教学模式

20世纪50年代以来，随着科学技术的飞速发展和教育改革的不断深入，各种新的教学理论和技术层出不穷，教学模式也呈现出多样化、现代化的发展趋势。例如，布鲁纳的发现学习模式、奥苏贝尔的有意义接受学习模式、加涅的信息加工学习模式、建构主义的抛锚式教学模式、支架式教学模式等，这些教学模式都强调学生的主动参与和自主学习，注重培养学生的创新能力和实践能力。

第七章　课堂教学目标

第一节　课堂教学目标的概念

课堂教学目标指在课堂教学活动中，教师期望学生通过学习所达到的具体的学习结果和标准。它是教学活动的出发点和归宿，对教学过程起着导向、调控和评价的作用。

课堂教学目标通常包括知识与技能、过程与方法、情感态度与价值观三个维度。知识与技能目标主要涉及学生对学科知识和技能的掌握程度；过程与方法目标强调学生在学习过程中所采用的方法和策略，以及培养学生的思维能力和创新能力等；情感态度与价值观目标则关注学生在学习过程中所形成的情感体验、态度倾向和价值观的树立。

例如，在一节数学课中，知识与技能目标可以是学生掌握特定的数学公式和解题方法；过程与方法目标可以是学生通过小组合作、探究学习等方式，培养合作能力和问题解决能力；情感态度与价值观目标可以是学生在学习过程中培养对数学的兴趣和热爱，以及严谨的科学态度。

第二节 课堂教学目标的功能

一、导向功能

课堂教学目标为教学活动指明了方向。教师在制定教学目标后，会围绕目标设计教学内容、选择教学方法和组织教学过程。学生会根据教学目标明确学习的方向和重点，有针对性地进行学习。

例如，教师在设计一节语文课的教学时，若教学目标是让学生体会诗歌的意境美和语言美，那么教师在教学过程中会引导学生通过朗读、赏析等方式感受诗歌的意境和语言，而不是单纯地讲解字词和语法知识。

二、调控功能

课堂教学目标可以对教学过程进行调控。在教学过程中，教师可以根据学生的学习情况和教学目标的达成度，及时调整教学进度、教学方法和教学策略，以确保教学活动始终朝着预定的目标进行。

例如，如果教师发现学生在理解某个知识点上存在困难，可以放慢教学进度，采用更直观、更具体的教学方法，帮助学生克服困难，实现教学目标。

三、评价功能

课堂教学目标是评价教学效果的重要依据。通过将学生的学习结果与教学目标进行比较，可以判断教学活动是否达到了预期的效果。评价可以帮助教师了解学生的学习情况，发现教学中存在的问题，为改进教学提供参考。

例如，在教学结束后，教师可以通过考试、作业、课堂提问等方式，检验学生对教学目标的达成情况。如果学生在知识与技能、过程与方法、情感态度与价值观等方面都达到了教学目标的要求，说明教学效果较好；如果学生在某些方面未能达到教学目标的要求，则教师需要反思教学过程，找出问题所在，并采取相应的改进措施。

四、激励功能

明确的课堂教学目标可以激发学生的学习动力。当学生了解到教学目标后，会产生一种期望心理，希望通过自己的努力达到目标。这种期望心理会转化为学习的动力，促使学生积极主动地参与学习活动。

例如，教师在开学初向学生明确本学期的教学目标和学习要求，学生就会有努力的方向和动力，更加认真地对待学习，积极主动地完成各项学习任务。

第三节　课堂教学目标的分类

一、认知领域目标分类

（一）知识

定义。这是认知领域目标中最基础的层次，主要是指学生对信息的简单记忆和识别，包括事实性知识（如历史事件的日期、人物名字等）、概念性知识（如数学中的函数概念、物理中的力的概念等）和程序性知识（如四则运算的步骤、实验操作的流程等）。例如，学生能够背诵古诗词，说出元素周期表中各元素的名称，这些都属于知识层面的目标。

教学应用。教师在教学过程中可通过提问、填空、选择等方式检查学生对知识的掌握情况。比如，在语文教学中，让学生默写生字词；在化学教学中，通过提问让学生回答化学物质的基本性质等。

（二）领会

定义。学生能够把握所学材料的意义，可以用自己的语言解释信息，包括转换（如将文字信息转换为图表形式）、解释（如用自己的话解释一个科学原理）和推断（如根据已知条件推断出未知结果）。例如，学生能够用自己的话解释牛顿第二定律，或者将一段文言文翻译成白话文，这就达到了领会的层级。

教学应用。教师可以通过让学生进行简单的释义、举例、归纳等活动来培养学生的领会能力。在数学教学中，教师可以要求学生用不同的方式表达数学公式的含义；在文学作品教学中，让学生概括段落大意或中心思想。

（三）应用

定义。学生能够将所学知识应用到新的情境和实际问题中。例如，在物理教学中，学生能够运用所学的电学知识来设计一个简单的电路，解决照明问题；在数学教学中，学生能够运用几何定理来解决实际的测量问题，如计算建筑物的高度等。

教学应用。教师可以通过设计实际的问题情境、案例分析、实验操作等教学活动来培养学生的应用能力。比如，在计算机编程教学中，让学生编写一个程序来解决一个生活中的数据处理问题，如统计班级学生成绩的平均分、最高分等。

（四）分析

定义。学生能够将整体材料分解成其组成部分，并理解各部分之间的关系以及各部分与总体结构的关系。在语文教学中，学生能够分析文章的结构，如划分段落、找出主题句、分析段落之间的衔接关系；在生物教学中，学生能够分析细胞的各个组成部分及其功能，以及它们之间是如何协同工作的。

教学应用。教师可以通过让学生进行结构分析、要素分析、因果分析等活动来实现这一目标。例如，在历史教学中，让学生分析一个历史事件发生的原因、经过和结果，以及它对当时和后续社会发展的影响；在机械制图教学中，让学生分析机械零件的结构和组成部分之间的装配关系。

（五）综合

定义。学生能够将不同的部分组合成一个完整的、新颖的整体。这可能包括提出一个新的计划、设计一个新的产品、创作一篇新的文章等。例如，在艺术教学中，学生能够综合运用各种绘画技巧和材料，创作出一幅具有创意的绘画作品；在建筑设计教学中，学生能够综合考虑功能、美观、环境等因素，设计出一个建筑方案。

教学应用。教师可以通过组织学生进行项目式学习、创意写作、方案设计等活动来培养学生的综合能力。例如，在跨学科的项目学习中，让学生综合物理、化学、数学等知识，设计一个环保节能的住宅模型，并阐述其设计理念和原理。

（六）评价

定义。学生能够根据一定的标准对所学内容或所提供的材料进行价值判断。例如，在文学作品教学中，学生能够依据一定的文学批评标准，评价一部作品的文学价值，包括作品的主题深度、人物塑造、写作手法等方面；在科学研究报告教学中，学生能够判断报告的科学性、可靠性和创新性。

教学应用。教师可以通过组织学生进行作品评价、方案评估、研究成果讨论等活动来培养学生的评价能力。例如，在学生完成小组实验后，让他们互相评价实验方案的合理性、实验操作的规范性以及实验结论的准确性等。

二、情感领域目标分类

（一）接受（注意）

定义。学生愿意注意特殊的现象或刺激，包括觉察、愿意接受和有控制的或有选择的注意。例如，在音乐教学中，学生能够觉察到音乐中的不同乐器声音；在自然观察课中，学生愿意观察周围的自然现象，如植物的生长、动物的行为等。

教学应用。教师可以通过提供有趣的教学材料、使用多样化的教学方法来吸引学生的注意力。比如，在地理教学中，教师通过播放精美的自然风光视频来引起学生对地理环境的关注；在道德与法治课中，教师通过讲述生动的案例来吸引学生对社会道德问题的注意。

（二）反应

定义。学生在注意的基础上，表现出积极参与的意愿，包括默认的反应（如被动地跟随教师的引导）、愿意反应（如主动回答问题）和满意的反应（如对学习活动表现出愉悦的情绪）。例如，在体育教学中，学生积极参与体育游戏，并且在游戏过程中表现出开心、兴奋的情绪；在语文课堂讨论中，学生主动发言，分享自己的观点。

教学应用。教师可以通过鼓励学生参与课堂互动、给予积极的反馈等方式来培养学生的反应能力。例如，在手工制作课中，教师对学生的作品给予肯定和赞美，激发学生更加积极地参与制作活动；在小组合作学习中，教师对小组的合作成果进行表扬，增强学生参与合作的意愿。

（三）评价

定义。学生能够对所学内容或经历的事情赋予价值，包括接受价值、偏好某种价值和信奉（表现出坚定的信念）。例如，在历史教学中，学生接受爱国主义价值观，并且偏好那些体现爱国主义精神的历史人物和事件，甚至信奉爱国主义是一种高尚的道德品质，愿意在生活中践行这种价值观。

教学应用。教师可以通过引导学生进行价值观讨论、角色扮演、榜样示范等方式来培养学生的评价能力。例如，在品德教育课中，教师通过讲述英雄事迹，引导学生讨论英雄人物的价值观，让学生思考自己应该秉持什么样的价值观；在职业规划课中，教师邀请不同职业的成功人士分享他们的职业价值观，帮助学生形成自己对职业价值的判断。

（四）组织

定义。学生能够将不同的价值观念组合在一起，形成一个内在一致的价值体系，并且能够确定这些价值的相互关系。例如，在哲学教学中，学生能够将伦理道德价值、审美价值、社会价值等不同的价值观念进行整合，构建自己的价值体系，明白这些价值在不同情境下的相互作用和重要性。

教学应用。教师可以通过组织主题讨论、案例分析、价值观冲突解决等活动来培养学生的价值组织能力。例如，在环境教育课中，教师提出经济发展与环境保护的价值冲突案例，让学生讨论如何平衡两种价值，从而帮助学生组织自己的价值观念，形成科学合理的价值体系。

（五）个性化

定义。学生能够将价值体系内化，并在行为中表现出稳定的个性特征。例如，一个具有环保意识个性化价值体系的学生，在日常生活中会自觉地进行垃圾分类、节约能源等行为；一个秉持公正公平价值观的学生，在与他人交往和处理问题时，总能够公正地对待每个人。

教学应用。教师可以通过长期的价值观教育、社会实践活动等方式培养学生的个性化价值。例如，在志愿者服务活动中，让学生在实践中践行自己的价值观，通过长期的行为强化，使价值观真正成为学生个性的一部分。

三、动作技能领域目标分类

（一）知觉

定义。学生能够通过感觉器官获取与动作技能有关的信息，包括视觉、听觉、触觉等方面的感知。例如，在体育舞蹈教学中，学生能够感知到舞蹈教师的肢体动作、音乐的节奏；在书法教学中，学生能够感知到毛笔的柔软度、墨汁的浓淡以及纸张的质感等。

教学应用。教师可以通过示范、展示等方式帮助学生提高知觉能力。例如，在木工手艺教学中，教师通过慢动作示范操作工具的正确姿势和动作，让学生仔细观察，感知每个动作的细节；在绘画教学中，教师展示不同笔触和色彩搭配的效果，让学生用眼睛去感知其中的差异。

（二）模仿

定义。学生能够按照示范的动作进行简单的重复。例如，在武术教学中，学生能够模仿教师的招式，做出基本的武术动作；在手工折纸教学中，学生能够按照教师演示的步骤，折叠出简单的形状。

教学应用。教师可以通过分解动作、反复示范等方式让学生进行模仿。例如，在体操教学中，教师将复杂的体操动作分解成一个个小步骤，让学生一个一个地模仿练习；在乐器教学中，教师先示范基本的指法或吹奏方法，让学生反复模仿，直到掌握基本的演奏技巧。

（三）操作

定义。学生能够独立地完成一系列动作，并且能够根据具体情况进行适当的调整。例如，在驾驶教学中，学生能够独立地完成启动车辆、换挡、转向、停车等一系列操作，并且能够根据路况和交通信号进行灵活调整；在烹饪教学中，学生能够独立地完成切菜、炒菜、调味等操作，并且能够根据食材的多少和口味的要求进行适当的调整。

教学应用。教师可以通过增加练习机会、提供反馈等方式来提高学生的操作能力。例如，在计算机操作教学中，教师让学生反复进行软件操作练习，如文字处理软件中的排版、表格制作等操作，同时对学生的操作过程进行观察和反馈，及时纠正错误操作，帮助学生熟练掌握操作技能。

（四）准确

定义。学生能够精确地完成动作，包括动作的准确性、稳定性和节奏感等方面。例如，在射击教学中，学生能够准确地瞄准目标，并且在多次射击过程中保持稳定的姿势和节奏；在舞蹈教学中，学生能够精确地完成舞蹈动作，每个动作的幅度、力度和时间都符合要求。

教学应用。教师可以通过设定标准、进行精准训练等方式来培养学生的准确性。例如，在机械加工教学中，教师设定零件加工的精度标准，让学生通过反复练习，使用精密工具和仪器，达到准确加工的要求；在音乐演奏教学中，教师使用节拍器帮助学生掌握准确的节奏，通过慢练和分解练习来提高学生演奏动作的准确性。

（五）连贯

定义。学生能够将一系列动作流畅地组合在一起，形成一个协调的整体。例如，在游泳教学中，学生能够将划水、蹬腿、换气等动作连贯起来，形成一个自然流畅的游泳动作；在演讲教学中，学生能够将肢体语言、语音语调、内容表达等方面连贯起来，呈现出一场流畅的演讲。

教学应用。教师可以通过增加连贯性练习、强调动作之间的衔接等方式来培养学生的连贯性。例如，在排球教学中，教师让学生进行传球、垫球、扣球的连贯练习，强调每个动作之间的衔接时机和动作转换的流畅性；在动画制作教学中，教师让学生练习将多个帧的画面连贯起来，形成流畅的动画效果。

（六）习惯化

定义。学生能够将动作技能自动化形成习惯，在无意识的情况下能够熟练地完成动作。例如，骑自行车对于熟练的人来说，已经成为一种习惯化的动作，不需要刻意思考每个动作的步骤；打字熟练的人在打字时，手指会自动地敲击键盘，不需要看键盘就能快速准确地输入文字。

教学应用。教师可以通过大量的重复练习、模拟真实情境等方式培养学生的习惯化技能。例如，在英语口语教学中，教师让学生通过大量的口语对话练习，使学生在自然交流的情境下，习惯化地运用英语表达自己的想法；在应急救援训练中，通过模拟真实的灾难场景，让救援人员反复练习救援技能，使他们在实际救援时能够自动化地采取正确的行动。

第四节　课堂教学目标的编制

一、教学目标编制的依据

（一）课程标准

课程标准是国家对基础教育课程的基本规范和质量要求，它规定了学科的课程性质、课程目标、内容标准、实施建议等重要内容。教学目标的编制必须以课程标准为导向，确保教学目标与课程标准的一致性。例如，在数学课程标准中规定了不同学段学生在数与代数、图形与几何、统计与概率、综合与实践等领域应达到的目标，教师在编制某一单元或某一堂课的教学目标时，要依据这些总体目标，确定具体的知识与技能、过程与方法、情感态度与价值观目标。如在初中数学"一次函数"的教学中，课程标准可能要求学生理解一次函数的概念，掌握其表达式和图像特征，教师据此可以制定相应的课堂教学目标，如学生能够通过实际问题情境，识别一次函数关系，正确写出一次函数表达式，并能绘制其简单图像。

（二）教材内容

教材是教学内容的主要载体，它按照课程标准的要求，对学科知识进行了系统的编排。教师要深入研究教材，分析教材的知识结构、重点难点内容，以此为基础编制教学目标。例如，在语文教材中，一篇课文往往有其独特的主题、写作手法、语言特色等，教师在编制教学目标时，要考虑如何引导学生理解课文的主题思想，欣赏其写作手法，体会语言之美。如在教授《背影》课文时，教材内容通过描述父亲在火车站为儿子送别的情景，表达了父子间深沉的情感。教师可以制定教学目标，如学生能够分析文中描写父亲背影的细节，体会作者对父亲的感激与思念之情，理解通过细节描写来刻画人物形象、表达情感的写作方法。

（三）学生实际情况

学生是教学的对象，他们的知识基础、认知能力、学习兴趣、学习风格等个体差异对教学目标的编制有着重要影响。教师要通过课堂观察、作业批改、问卷调查、学生访谈等方式了解学生的实际情况。例如，如果学生在英语学习中词汇量较少，语法基础薄弱，那么在编制英语阅读课教学目标时，不能设定过高的阅读难度和复杂的语法理解要求，而应侧重于帮助学生积累词汇，掌握基本的阅读技巧，如通过上下文猜测词义、找出文章的关键信息等。对于学习能力较强、学习兴趣浓厚的学生，可以在教学目标中适当增加拓展性内容，如对文章进行深层次的分析、开展相关主题的讨论或写作等，以满足他们的学习需求，激发他们的学习潜力。

二、教学目标编制的原则

（一）明确性原则

教学目标的表述要清晰、准确、具体，避免模糊和歧义。目标应该明确地指出学生在完成教学活动后能够做什么，做到什么程度。例如，在物理课"牛顿第二定律"的教学目标中，不能简单地表述为"学生理解牛顿第二定律"，这样的表述过于笼统。而应该表述为"学生能够准确阐述牛顿第二牛顿定律的内容，即物体的加速度跟作用力成正比，跟物体的质量成反比，并且能够运用该定律解决简单的动力学问题，如已知物体的质量和所受合力，计算物体的加速度，准确率达到80%以上"。这样的表述使学生和教师都能清楚地知道教学的期望结果，便于教学过程中的操作和评价。

（二）整体性原则

教学目标应涵盖知识与技能、过程与方法、情感态度与价值观三个维度，形成一个有机的整体。这三个维度相互联系、相互促进，共同促进学生的全面发展。例如，在历史课"辛亥革命"的教学中，知识与技能的目标是学生了解辛亥革命的背景、过程、主要人物和历史意义；过程与方法目标是学生通过分析历史资料、讨论、角色扮演等方式来培养历史思维能力和合作学习能力；情感态度与价值观目标是学生感受辛亥革命时期仁人志士的爱国精神和革命勇气，认识到辛亥革命对中国近代社会变革的重大影响，从而增强民族自豪感和历史责任感。在教学过程中，通过知识的传授而为过程与方法的实施提供基础，而过程与方法的运用又有助于情感态度与价值观的培养，同时情感态度与价值观也会反过来影响学生对知识与技能的学习和掌握。

（三）可行性原则

教学目标要符合学生的年龄特点、认知水平和实际能力，同时要考虑学校的教学条件、教学时间等实际因素。目标既不能过高，让学生难以企及，也不能过低，使学生得不到应有的发展。例如，在小学科学课"植物的生长变化"教学中，如果要求小学生像植物学家那样深入研究植物的细胞结构和光合作用的分子机制，显然超出了他们的能力范围。而合理的教学目标可以是学生能够通过观察种子的萌发、幼苗的生长、植物的开花结果等过程来了解植物生长的基本条件和变化规律，能够用简单的图画或文字记录植物生长的不同阶段。这样的目标符合小学生的认知水平和实际操作能力，也能在有限的教学时间内完成。

（四）可测性原则

教学目标应该能够通过一定的方式进行测量和评价，以便教师能够及时了解学生的学习情况，调整教学策略。目标的可测性要求目标的表述中包含可观察、可量化的行为动词。例如，在数学"三角形内角和定理"的教学目标中，可以表述为"学生能够通过测量、剪拼、推理等方法证明三角形内角和为180度，在课堂练习中，能够正确运用该定理解决至少5道不同类型的三角形内角和计算问题，正确率达到70%以上"。其中，"测量""剪拼""证明""解决"等都是可观察、可量化的行为动词，教师可通过课堂提问、练习、测验等方式对学生的学习成果进行测量和评价，从而判断教学目标是否达成。

三、教学目标编制的方法

（一）行为目标表述法

这种方法强调用可观察、可测量的行为动词来表述教学目标。行为目标通常包括三个要素：行为动词、行为条件和行为标准。例如，在体育"篮球投篮技巧"教学中，教学目标可以表述为"学生在距离篮球篮筐5米远的地方（行为条件），单手投篮（行为动词），10次投篮中至少命中4次（行为标准）"。常用的行为动词有"说出""写出""识别""解释""计算""操作""绘制"等。行为目标表述法的优点是目标明确、具体，便于教师进行教学评价，但它可能会过于强调行为的结果，而忽视了学生内在的思维过程和情感体验。

（二）内部过程与外显行为相结合表述法

这种方法既关注学生的内部心理过程，如理解、欣赏、感受等，又通过外显行为来反映这些内部过程。例如，在音乐"欣赏贝多芬《命运交响曲》"教学中，教学目标可以表述为"学生能够认真聆听《命运交响曲》（外显行为），感受乐曲中激昂的节奏和强烈的情感表达（内部过程），并能在聆听后用自己的语言描述出对乐曲主题的理解（外显行为）"。这种表述方法在一定程度上弥补了行为目标表述法的不足，能够更全面地反映教学目标，但在实际操作中，对教师的教学评价能力要求较高，需要教师能够准确判断学生的外显行为是否真正反映了其内部心理过程。

（三）表现性目标表述法

表现性目标主要用于描述学生在教学活动中的情感体验、创造性表现等难以精确测量的方面。它强调学生在活动中的个性化表现和体验，而不规定具体的行为结果。例如，在美术"创意绘画"教学中，教学目标可以表述为"学生能够根据自己的想象和感受（表现性目标），创作一幅以'未来世界'为主题的绘画作品，作品应体现学生独特的创意和艺术风格"。表现性目标表述法给予学生较大的创作空间和自由发挥的机会，有利于培养学生的创新能力和个性发展。但由于其目标的不确定性，给教学评价带来了一定的困难，教师需要采用多元化的评价方式，如作品展示、学生自评、互评等，来评价学生的学习成果。

第五节　课堂教学目标的表述

一、教学目标表述的要素

（一）行为主体

教学目标的行为主体应该是学生，而不是教师。因为教学活动的最终目的是促进学生的学习与发展，所以目标应明确阐述学生在学习后能够做什么。例如，"学生能够正确计算两位数乘两位数的乘法"，而不是"教师教会学生两位数乘两位数的乘法"。强调学生作为行为主体，有助于将教学焦点集中在学生的学习成果和能力提升上，使教学过程围绕学生的需求和学习进程展开。

（二）行为动词

行为动词要清晰、准确且具有可操作性，用以描述学生所表现出的可观察、可测量的行为。例如，"写出""背诵""解释""分析""设计""操作"等。使用恰当的行为动词可以使教学目标更加具体明确，便于教师在教学过程中进行教学活动的设计与实施，以及在教学评价时能够准确判断学生是否达到了目标要求。如在科学课上，"学生能够解释光的折射现象"，这里的"解释"就明确了学生需要通过语言表达或文字阐述等方式来展示对光折射现象的理解。

（三）行为条件

行为条件指学生在表现出目标行为时所处的环境或限制因素，它为学生的行为提供了具体的情境和背景信息。例如，"在不借助工具书的情况下，学生能够背诵古诗词""在小组合作中，学生能够完成一个简单的项目设计"等。明确行为条件有助于教师更精准地设计教学活动，使学生在特定的条件下进行学习和实践，同时方便教师在评价学生行为时考虑到相应的条件限制，确保评价的公正性和有效性。

（四）表现程度

表现程度指学生达到目标行为的最低标准或水平，它使教学目标具有可衡量性。例如，"学生能够正确解答 80% 以上的数学应用题""学生的作文能够达到语句通顺、条理清晰，且至少包含三个论据来支持主题观点"等。规定表现程度可以让教师和学生都清楚地了解学习的预期成果，教师能够依据此标准判断教学效果，学生也能够明确自己努力的方向和程度，从而更好地进行学习和自我评估。

二、教学目标表述的方式

（一）ABCD 式表述

这是一种较为常用的教学目标表述方式，它对应着行为主体（Audience）、行为动词（Behavior）、行为条件（Condition）和表现程度（Degree）四个要素。例如，"在给定的实验材料和仪器（C）的情况下，学生（A）能够独立操作（B）实验仪器，完成氧气制取实验，并准确记录实验数据，实验成功率达到 90% 以上（D）"。这种表述方式全面、具体，能够清晰地界定教学目标，为教学活动的设计、实施和评价提供了明确的依据。在编写教案或进行教学设计时，采用 ABCD 式表述可以使教学目标一目了然，有助于教师系统地规划教学过程，确保教学活动围绕既定目标有序开展。

（二）内外结合式表述

这种表述方式将学生的内部心理过程与外部行为表现相结合。它既关注学生内在的认知、情感和态度变化，又通过可观察的外显行为而反映这些内部变化。例如，"学生能够深入理解（内部心理过程）文学作品中的人物形象塑造方法，并能通过撰写人物分析短文（外显行为），详细阐述人物的性格特点、行为动机以及作者的塑造手法，短文内容应具有一定的深度和逻辑性"。这种表述方式的优点在于能够更全面地体现教学目标的内涵，避免单纯强调外显行为而忽视学生内在思维和情感发展的问题。在语文、英语等注重情感体验和思维培养的学科教学中，内外结合式表述尤为适用，它有助于教师在教学过程中既关注学生知识技能的掌握，又注重学生文学素养、情感态度等方面的提升。

（三）表现性目标表述

表现性目标主要用于描述一些难以用具体行为动词精确界定结果的教学活

动，强调学生在活动中的个性化表现和体验。例如，"学生能够在艺术创作活动中，充分发挥自己的想象力和创造力（表现性目标），创作出具有独特风格的绘画作品或手工艺品"。这种表述方式给予学生较大的自由度和创作空间，注重学生在学习过程中的自我表达和个性发展。在美术、音乐、体育等学科的教学中，表现性目标表述能够激发学生的艺术灵感和创新精神，使教学活动更具活力和开放性。然而，由于其目标结果的不确定性，在教学评价时需要采用多元化的评价方式，如作品展示、学生自评、互评等，以全面、客观地评价学生的学习成果。

第八章 课堂教学内容

第一节 课堂教学内容概述

一、课堂教学内容的定义

课堂教学内容指在课堂教学过程中，教师为了实现教学目标而向学生传授的知识、技能、价值观等方面的信息总和。它是教学活动的核心要素之一，直接关系到教学质量和学生的学习效果。

课堂教学内容通常包括教材内容、教师补充的内容以及学生在学习过程中生成的内容。教材内容是教学内容的基础，它经过专家学者的精心编写和审定，具有系统性、科学性和权威性。教师补充的内容是教师根据教学实际情况和学生的需求，对教材内容进行的拓展和深化，以丰富教学内容，提高学生的学习兴趣。学生在学习过程中生成的内容是指学生在课堂互动、讨论、探究等活动中产生的新观点、新问题和新想法，这些内容可以促进学生的思维发展和创新能力的培养。

二、课堂教学内容的特点

系统性课堂教学内容通常是按照一定的学科体系和逻辑顺序组织起来的，具有系统性和连贯性。教师在教学过程中，要根据教学目标和学生的认知水平，合理安排教学内容的顺序，使学生能够逐步建立起完整的知识体系。

科学性课堂教学内容必须具有科学性，即符合客观事实和科学规律。教师在选择和传授教学内容时，要以科学的态度和方法进行，确保教学内容的准确性和可靠性。

实用性课堂教学内容要具有实用性，即能够满足学生的实际需求和社会的发展要求。教师在教学过程中，要注重将教学内容与实际生活相结合，培养学生的实践能力和解决问题的能力。

时代性课堂教学内容要具有时代性，即能够反映当前社会的发展趋势和科技进步的成果。教师在教学过程中，要及时更新教学内容，引入新的知识和理念，使学生能够紧跟时代的步伐。

三、课堂教学内容的选择原则

符合教学目标课堂教学内容的选择要以教学目标为依据，确保教学内容能够有效地实现教学目标。教师在选择教学内容时，要认真分析教学目标的要求，选择与之相适应的教学内容。

适应学生特点课堂教学内容的选择要适应学生的年龄特点、认知水平和兴趣爱好。教师在选择教学内容时，要充分考虑学生的实际情况，选择学生易于理解和接受的教学内容，以提高学生的学习兴趣和积极性。

体现学科特点课堂教学内容的选择要体现学科的特点和本质，突出学科的核心概念和方法。教师在选择教学内容时，要深入研究学科的内涵和外延，选择能够反映学科本质的教学内容，以提高学生的学科素养。

具有教育价值课堂教学内容的选择要具有教育价值，即能够培养学生的品德、情感、态度和价值观。教师在选择教学内容时，要注重挖掘教学内容中的教育因素，引导学生树立正确的人生观、价值观和世界观。

四、课堂教学内容的组织方式

以学科知识为中心的组织方式是以学科知识的逻辑体系为线索，将教学内容按照学科的知识结构进行组织。例如，在数学教学中，可以按照代数、几何、统计等知识板块进行组织；在语文教学中，可以按照阅读、写作、口语交际等能力模块进行组织。这种组织方式有利于学生系统地掌握学科知识，但容易忽视学生的兴趣和需求。

以学生活动为中心的组织方式是以学生的活动为线索，将教学内容按照学生的活动过程进行组织。例如，在科学探究教学中，可以按照提出问题、作出假设、设计实验、进行实验、分析结果、得出结论等活动环节进行组织；在社会实践教学中，可以按照确定主题、制定计划、实施活动、总结交流等活动步骤进行组织。这种组织方式有利于激发学生的学习兴趣和积极性，但容易导致教学内容的松散和无序。

以社会问题为中心的组织方式是以社会问题为线索，将教学内容按照社会问题的解决过程进行组织。例如，在环境教育教学中，可以按照环境污染问题、环境污染的原因、环境污染的危害、环境污染的防治等问题环节进行组织；在公民教育教学中，可以按照公民权利问题、公民义务问题、公民参与问题等问题领域进行组织。这种组织方式有利于培养学生的社会责任感和解决问题的能力，但容易受到社会问题的时效性和局限性的影响。

第二节　课堂教学内容安排的原则

一、系统性原则

（一）知识结构完整性

教学内容的安排要确保学科知识结构的完整性。教师需要深入研究课程标准和教材内容，梳理出学科知识的脉络体系。例如，在数学教学中，从基本的数的认识、运算，到代数、几何、统计等各个分支，每个知识点之间都存在着内在的逻辑联系。在教授函数这一章节时，教师要将函数的概念、表示方法、性质以及不同类型函数（如一次函数、二次函数、反比例函数）等内容系统地呈现给学生，让学生明白函数在数学知识体系中的位置，以及各部分内容之间如何相互关联、层层递进的，帮助学生构建完整的函数知识结构。

（二）循序渐进安排内容

教学内容应按照由浅入深、由易到难、由简单到复杂的顺序进行安排。以物理学科为例，在力学部分，学生应先学习基本的力的概念、力的三要素，然后深入到牛顿运动定律的学习。在讲解牛顿第二定律时，先从简单的物体在恒力作用下的直线运动情况入手，让学生理解加速度与力和质量的关系，之后逐渐引入多个力作用、变力作用等复杂情况。这种循序渐进的内容安排符合学生的认知规律，能够让学生在已有的知识基础上逐步拓展知识深度和广度，避免学生因学习内容跳跃度过大而产生困惑。

二、重点突出原则

（一）明确重点内容

教师要准确把握教学内容中的重点部分。重点内容通常是学科知识体系中的核心概念、关键原理或重要技能。例如，在化学学科中，化学反应原理是重点内容之一。在讲解氧化还原反应时，氧化还原反应的本质（电子的转移）、特征（化合价的升降）以及氧化还原反应方程式的配平方法等是教学重点。教师要通过深入研究教材和教学大纲，结合教学目标和学生实际情况，明确每堂课的重点内容，确保教学活动围绕重点展开。

（二）强化重点教学

在教学过程中，教师要通过多种方式对重点内容进行强化。可以采用增加教学时间、重点讲解、举例说明、反复练习等方法。以语文课文教学为例，如果文章的主题思想是重点内容，教师可以在课堂上花费较多时间引导学生分析文章的结构、人物形象、情节发展等方面是如何体现主题的。通过列举生活中的类似事例，帮助学生理解主题的现实意义，并且在课堂练习和课后作业中安排与主题理解相关的题目，如让学生写读后感、进行主题讨论等，加深学生对重点内容的印象和理解。

三、难点分散原则

（一）分析难点成因

教学内容中的难点往往是由于知识的抽象性、复杂性或学生的认知局限等因素造成的。例如，在高中数学的立体几何部分，空间想象能力是学生面临的一个难点。学生在理解空间图形的位置关系、进行空间向量运算等方面可能会遇到困难，主要是因为立体几何内容比较抽象，与学生熟悉的平面几何有较大差异，需要学生具备较强的空间思维能力。教师要仔细分析难点产生的原因，以便采取有效的措施来帮助学生突破难点。

（二）分散难点教学

为了帮助学生更好地理解难点内容，教师可以将难点进行分解，分散在不同的教学环节中逐步解决。例如，在立体几何教学中，教师可以先从简单的空间几何体的认识开始，让学生通过观察实物模型、绘制简单的立体图形等方式，建立初步的空间概念。然后，在学习空间直线和平面的位置关系时，通过多媒体演示、动画展示等手段，将抽象的位置关系直观化，帮助学生逐步提升空间想象能力。在教学过程中，将难点分解成一个个小的、易于理解的部分，降低学生学习的难度，使学生能够逐步掌握难点知识。

四、趣味性原则

（一）内容趣味选择

教师要善于选择趣味性强的教学内容。可以结合生活实际、历史故事、科学趣事等元素，让教学内容更具吸引力。例如，在生物课教学中，在讲解基因遗传时，可以引入一些有趣的遗传现象，如为什么有些双胞胎长得一模一样，而有些双胞胎却有很大差异；或者讲述孟德尔豌豆实验的故事，介绍他是如何通过豌豆杂交发现遗传规律的。这些有趣的内容能够激发学生的学习兴趣，使学生更愿意主动参与到课堂教学中来。

（二）呈现方式趣味化

教学内容的呈现方式应该多样化且富有创意，以增强趣味性。教师可以采用多媒体教学、角色扮演、游戏竞赛等方式来呈现教学内容。在地理课上，通过播放精美的自然风光视频、3D 地球模型演示等方式，让学生直观地感受地理知识的魅力。在历史课中，组织学生进行角色扮演，让历史人物重现历史事件，这种方式能够让学生更加深入地理解历史背景和人物情感，同时也使课堂氛围更加活跃，提高学生的学习积极性。

五、实用性原则

（一）联系生活实际

教学内容要与学生的生活实际紧密联系，让学生感受到知识的实用性。在物理课上，教师可以讲解汽车在行驶过程中的物理原理，如刹车时的摩擦力、加速时的动力等；在计算机课上，教授学生如何使用办公软件来制作学习计划、统计成绩等。通过将知识与实际生活相结合，让学生能够更好地理解知识的价值，以提高学习的动力和积极性。

（二）培养实践能力

注重培养学生的实践能力，让学生能够将所学知识应用到实际操作中。在劳技课上，教师指导学生制作简单的手工艺品，如折纸、编织等，在实践中锻炼学生的动手能力和创新思维。在科学实验课上，让学生亲自设计实验、操作仪器、收集和分析数据，培养学生的科学探究能力和解决实际问题的能力，使学生明白知识不仅是理论，更是可以用于实践的工具。

第三节　课堂教学内容的处理方法

一、内容简化与提炼

（一）去除冗余信息

教师需要对教材内容进行仔细筛选，去除那些与教学目标无关或者重复的信息。例如，在历史教材中可能会包含大量的历史事件细节，有些细节对于学生理解核心历史概念和事件脉络并非关键。如果教学目标是让学生掌握工业革命的主要原因、过程和影响，那么对于一些当时社会生活中的琐碎记载就可以适当简化，使学生能够将注意力集中在重点内容上。

（二）提炼核心要点

从繁杂的教学内容中提炼出核心知识要点。以数学函数教学为例，对于各种函数类型，如一次函数、二次函数等，其核心要点包括函数的定义、表达式、图像特征和性质。教师要将这些要点提炼出来，通过简洁明了的方式呈现给学生，如制作思维导图或者知识卡片，让学生一目了然。例如，一次函数的核心要点可以提炼为：定义是形如 $y=kx+b$（k、b 为常数，$k \neq 0$）的函数；其图像是一条直线；性质包括当 $k>0$ 时，函数单调递增，当 $k<0$ 时，函数单调递减等。

二、内容补充与拓展

（一）联系实际补充内容

根据教学内容和学生实际情况，补充与生活实际相关的内容。在物理课讲授摩擦力时，可以补充生活中增大和减小摩擦力的实际例子，如鞋底的花纹是为了增大摩擦力，而给机器的轴承加入润滑油是为了减小摩擦力。同时，可以引导学生思考摩擦力在体育活动中的应用，如在跑步时，鞋底与地面的摩擦力如何影响跑步的速度和稳定性，让学生在实际生活的情境中更好地理解物理知识。

（二）学科前沿拓展内容

适当引入学科前沿知识，拓宽学生的视野。在生物课上，当讲解基因工程时，可以拓展到最新的基因编辑技术，如 CRISPR-Cas9 技术的应用和研究进展。通过介绍这些前沿内容，让学生了解学科的动态发展，激发学生对科学研究的兴趣。例如，向学生展示科学家如何利用基因编辑技术治疗某些遗传疾病，或者在农作物改良方面的应用，使学生认识到所学知识与现代科技的紧密联系。

三、内容整合与重组

（一）跨学科整合

打破学科界限，将不同学科的知识进行整合。例如，在进行环境保护主题教学时，可以整合地理、生物、化学等多学科知识。从地理角度分析环境污染的区域分布和生态系统的破坏；从生物角度探讨生物多样性的丧失和生态平衡的破坏；从化学角度研究污染物的成分和化学反应过程。通过这种跨学科整合，让学生从多个维度理解复杂的环境问题，培养学生的综合思维能力。

（二）知识点重组

根据教学目标和学生的认知规律，对教材中的知识点进行重新组合。在语文写作教学中，教材可能是按照文体来编排内容，如记叙文、议论文、说明文等。教师可根据学生的写作能力培养需求，将写作技巧进行重组，如先从立意、选材、结构等方面进行通用写作技巧的教学，然后分别针对不同文体的特点进行强化训练。这样的重组可以使教学内容更符合学生的学习路径，提高教学效果。

四、内容转化与情境化

（一）抽象内容转化为直观内容

将抽象的教学内容转化为直观的形式，便于学生理解。在数学几何教学中，对于一些复杂的立体几何图形，教师可以利用实物模型、3D 打印模型或者计算机软件进行三维建模，让学生通过观察、触摸等方式直观地感受图形的形状、结构和空间关系。例如，在讲解圆锥的体积公式时，通过制作等底等高的圆柱和圆锥模型，让学生进行注水实验，直观地发现圆锥体积是等底等高圆柱体积的 1/3，这种直观的转化方式比单纯的公式推导更容易让学生接受。

（二）创设情境呈现内容

为教学内容创设情境，使学生在情境中学习知识。在英语教学中，创设购物情境来教授购物相关的词汇和句型。教师可以将教室布置成一个小商店，让学生分别扮演顾客和售货员，在真实的情境中运用"Can I help you?" "I'd like to buy……"等句子进行交流。通过这种情境化的教学来提高学生的学习兴趣和知识应用能力。

第九章　课堂教学程序

第一节　课堂教学程序的含义

课堂教学程序指在课堂教学过程中，为了实现教学目标而遵循的一系列有序的步骤和活动流程。它是教学活动的基本框架，规定了教师和学生在不同阶段的行为和任务。

课堂教学程序既包括宏观层面的教学阶段划分，如导入、新授、巩固、总结等，也涵盖微观层面的具体教学活动安排，如提问、讨论、演示、练习等。它反映了教学过程的内在逻辑和规律，确保教学活动能够有条不紊地进行。

例如，在一节数学课中，教师按照一定的教学程序进行教学。首先通过复习旧知导入新课，激发学生的学习兴趣和已有知识储备；其次进行新授内容的讲解，运用多种教学方法让学生理解新的数学概念和公式；再次组织学生进行课堂练习，巩固所学知识；最后进行总结归纳，帮助学生梳理重点内容，形成知识体系。

第二节　课堂教学的基本程序

一、导入阶段

导入是课堂教学的起始环节，其主要目的是吸引学生的注意力，激发学生的学习兴趣，为后续的教学活动做好铺垫。

导入的方法多种多样，可以采用问题导入、故事导入、情境导入、复习导入等。例如，教师在讲解历史课《鸦片战争》时，可以通过播放一段关于鸦片战争的视频片段进行情境导入，让学生直观地感受当时的历史背景，从而引发学生对这一历史事件的兴趣。

二、新授阶段

新授阶段是课堂教学的核心环节，教师在此阶段向学生传授新的知识和技能。

教师要根据教学内容和学生的实际情况，选择合适的教学方法，如讲授法、演示法、讨论法、探究法等。在新授过程中，教师要注重讲解的清晰性和逻辑性，引导学生积极思考，主动参与学习活动。例如，在物理课上讲解"牛顿第二定律"时，教师可以通过实验演示的方法，让学生直观地观察物体在不同力的作用下的运动情况，从而帮助学生理解牛顿第二定律的内容。

三、巩固阶段

巩固阶段的目的是帮助学生巩固所学知识，加深对重点和难点内容的理解和掌握。

巩固的方式包括课堂练习、小组讨论、作业布置等。教师要根据教学内容和学生的学习情况，设计有针对性的巩固练习，及时反馈学生的学习效果，对学生存在的问题进行有针对性的辅导。例如，在语文课上学习了一首古诗后，教师可以让学生进行背诵、默写，并组织学生进行小组讨论，分享对古诗的理解和感悟。

四、总结阶段

总结阶段是课堂教学的最后环节，教师在此阶段对本节课的教学内容进行总结归纳，帮助学生梳理知识脉络，明确重点和难点。

总结可以采用教师总结、学生总结、师生共同总结等方式。教师要引导学生回顾本节课的学习内容，总结所学知识和技能，同时提出一些拓展性的问题，引导学生进行思考和探索，为下节课的学习做好准备。例如，在数学课结束时，教师可以让学生总结本节课所学的数学公式和解题方法，并提出一些与生活实际相关的问题，让学生运用所学知识进行解决。

第三节　教学思想与课堂教学程序

一、教学思想对课堂教学程序的影响

（一）以学生为中心的教学思想

这种教学思想强调学生在学习过程中的主体地位。在课堂教学程序上，首先关注学生的兴趣、需求和已有知识经验。例如，在课程导入环节，教师可能会通过提问、小组讨论或展示与学生生活密切相关的案例等方式，激发学生的学习兴趣，了解学生对相关知识的已有认知水平，从而为后续教学内容的展开奠定基础。在教学过程中，注重给予学生足够的自主学习时间和空间，鼓励学生自主探究、合作学习。如在数学课堂上，教师提出一个实际问题后，让学生分组讨论，尝试运用不同的方法去解决问题，教师则在一旁进行引导和答疑，而不是直接告知答案。在评价环节，更侧重于学生的自我反思和自我评价，以及小组内成员之间的相互评价，关注学生在学习过程中的成长和进步，而不仅仅是对知识掌握程度的考查。

（二）知识传授为主的教学思想

基于这种思想，课堂教学程序往往围绕知识体系的构建展开。教师在课前精心备课，按照教材内容的逻辑顺序，系统地规划教学步骤。在导入环节，可能会通过复习旧知识而引出新知识，强调知识之间的连贯性和递进性。例如，在物理课上，从简单的力学概念和规律逐步过渡到复杂的电磁学知识。在新授环节，教师会详细讲解知识点，通过举例、演示等方式帮助学生理解和记忆。如在化学实验课上，教师先讲解实验原理、步骤和注意事项，然后进行示范操作，学生再模仿操作。在练习环节，提供大量与知识点紧密相关的练习题，让学生巩固所学知识，强化记忆。评价环节主要以考试或测验的形式，考查学生对知识的掌握情况，包括对概念的理解、公式的运用等。

（三）能力培养为导向的教学思想

注重培养学生的各种能力，如思维能力、创新能力、实践能力等。在课堂教学程序设计上，设置各种具有挑战性的任务和活动。例如，在语文课堂上，教师布置一篇作文，要求学生在规定时间内完成。在这个过程中，学生需要运用自己的思维能力进行立意、选材、构思和写作，同时能锻炼创新能力，尝试不同的写作风格和表达方式。在科学课程中，教师会设计探究性实验，让学生自己提出问题、作出假设、设计实验方案、进行实验操作并得出结论，培养学生的科学探究能力和实践能力。在评价环节，不仅关注学生的成果，更注重对学生在完成任务过程中所展现出的能力进行评估，如分析问题的能力、解决问题的能力、团队协作能力等。

二、不同教学思想下课堂教学程序的实例分析

（一）情境教学思想下的语文课堂教学程序

1. 导入情境创设

教师在教授古诗词时，先播放一段与古诗词意境相符的古典音乐，如古筝曲《渔舟唱晚》，同时在多媒体上展示一幅古代山水田园画，画面中有青山绿水、牧童归牛等景象，将学生带入到古代田园生活的情境之中，引发学生对田园生活的遐想和对即将学习的古诗词的兴趣。

2. 文本感知与情境融合

教师让学生朗读古诗词，在朗读过程中，引导学生结合之前创设的情境，感受诗词中的意象，如"绿树村边合，青山郭外斜"所描绘的乡村景色，让学生想象自己置身于诗中的村庄，看到绿树环绕、青山绵延的景象，体会诗人对田园生活的喜爱之情。

3. 深入探究与情境拓展

教师提出问题，如"诗中的哪些描写体现了田园生活的宁静与和谐?"让学生分组讨论，在讨论过程中，学生进一步深入探究诗词的内涵，并且可以联系自己在生活中所体验到的宁静场景，如乡村度假时的经历等，对诗词有更深刻的理解。同时，教师可以引导学生拓展情境，让学生假设自己是诗人，在这样的田园情境中还会有哪些情感和思绪，鼓励学生进行创意写作，创作与田园主题相关的短文或诗歌片段。

4. 总结与情境回顾

在课堂结尾，教师与学生一起总结古诗词的主题、情感、写作手法等内容，同时回顾导入创设的情境以及在教学过程中对情境的拓展和深化，强化学生对古诗词的记忆和理解，让学生在情境的伴随下完成整个学习过程。

（二）问题驱动教学思想下的数学课堂教学程序

1. 问题提出

教师在讲解函数的单调性时，先提出问题："在日常生活中，我们经常会遇到一些随着时间或其他因素变化而变化的量，如气温随时间的变化，股票价格随时间的波动等，那么如何用数学方法来描述这些量的变化趋势呢？"这个问题来源于生活实际，能够引起学生的思考和好奇心。

2. 知识铺垫与问题分析

教师回顾函数的基本概念和图像表示方法，为解决问题做知识铺垫。然后引导学生分析问题，将生活中的现象抽象为数学函数模型，如将气温随时间的变化看作一个关于时间的函数，让学生思考如何从函数的图像或表达式中判断其单调性，即函数值随自变量的增大是增大还是减小。

3. 探究与解决问题

学生分组进行探究，尝试运用不同的方法解决问题。有的小组可能会通过观察函数图像的上升或下降趋势来判断单调性；有的小组可能从函数表达式出发，通过比较不同自变量取值下函数值的大小关系来确定单调性。教师在学生探究过程中进行巡视指导，及时给予提示和帮助，如提醒学生注意函数定义域的限制等。

4. 总结归纳与拓展应用

在学生得出函数单调性的判断方法后，教师与学生一起总结归纳，明确函数单调性的定义、判断方法（包括图像法、定义法等）以及在实际应用中的意义。然后，教师布置一些拓展性的练习题，如让学生分析一些复杂函数的单调性，或者让学生根据给定的函数单调性要求，构造函数表达式，进一步巩固学生所学知识，培养学生的应用能力和创新思维。

第四节　教学内容与课堂教学程序

一、根据教学内容确定课堂教学程序的原则

（一）符合知识逻辑

教学程序应遵循教学内容本身的逻辑结构。例如，在数学学科中，教授几何图形的面积计算时，要按照从简单到复杂的顺序，先讲解基础图形如矩形、三角形的面积公式推导过程，这是基于这些基础图形面积计算是后续组合图形和复杂几何图形面积计算的基石。在讲解矩形面积时，从其定义出发，通过数方格等直观方式引导学生理解长乘宽的计算原理，再基于矩形面积公式推导三角形面积公式，如通过将两个完全相同的三角形拼接成矩形，从而得出三角形面积为底乘高除以二。这种按照知识逻辑顺序安排的教学程序，有助于学生逐步构建知识体系，理解知识之间的内在联系。

（二）适应学生认知规律

要考虑学生的认知发展水平和学习能力。对于低年级学生，教学内容较为直观、形象，教学程序应多采用直观演示、游戏互动等方式。比如，在小学语文识字教学中，先通过展示图片、实物等让学生对汉字所代表的事物有直观认识，然后教授汉字的笔画、结构和读音。而对于高年级学生，随着其抽象思维能力的发展，可适当增加抽象知识的传授和探究性学习环节。例如，在初中物理的电学教学中，先从生活中的简单电路现象入手，如灯泡的亮灭，让学生有初步的感性认识，然后逐步深入到电路的原理、欧姆定律等抽象知识的讲解，再引导学生进行电路实验设计和故障排查等探究活动，这样从具体到抽象、从感性到理性的教学程序，能更好地被学生接受。

（三）突出重点难点

教学程序的设计要着重凸显教学内容的重点和难点。在历史课讲述某一重大历史事件时，如"辛亥革命"，重点是辛亥革命的背景、过程、主要人物贡献和历史意义。教学程序可在导入环节通过展示晚清社会的腐朽图片或视频资料引出

辛亥革命的背景；在新授环节详细讲述武昌起义等关键事件过程以及孙中山等重要人物的事迹；对于难点如辛亥革命的历史意义，可通过组织学生分组讨论、对比分析辛亥革命前后中国社会政治、经济、文化等方面的变化，引导学生深入理解其在推动中国近代化进程中的重要意义。在练习或作业环节，应侧重对重点难点知识的巩固和拓展。

二、不同类型教学内容的课堂教学程序设计示例

（一）理论性教学内容（以高中政治哲学课为例）

1. 导入

通过展示生活中的哲学现象或名言警句引发学生兴趣。如展示"城门失火，殃及池鱼"这句名言，让学生思考其中蕴含的哲学道理，从而引出联系观的教学内容。

2. 讲解

系统讲解哲学理论知识，如联系的普遍性、客观性、多样性等概念和原理。通过列举大量生活实例，如生态系统中生物之间的联系、经济全球化背景下各国经济的联系等，帮助学生理解抽象的哲学概念。

3. 讨论与案例分析

组织学生分组讨论相关哲学案例，如分析"蝴蝶效应"体现的哲学原理，让学生在讨论中深化对理论知识的理解，并学会运用哲学原理分析实际问题。

4. 总结与应用

教师总结本节课的重点哲学理论知识，然后布置作业让学生寻找生活中更多体现联系观的事例，并运用所学哲学原理进行分析，巩固学生对理论知识的掌握和应用能力。

（二）实践性教学内容（以中学劳技课手工制作为例）

1. 示范

教师首先进行手工制作的示范操作，如制作纸艺花朵。教师边示范边讲解每一个步骤，包括纸张的选择、裁剪的形状和尺寸、折叠的方法、粘贴的技巧等，让学生对整个制作过程有清晰的直观认识。

2. 学生实践尝试

学生在教师示范后开始自己动手实践。在实践过程中，教师巡视指导，及时

纠正学生的错误操作，如裁剪不整齐、粘贴不牢固等问题，并对个别笨拙的学生进行一对一辅导。

3. 作品展示与评价

学生完成作品后，进行班级作品展示。首先，由学生自己介绍作品的创作思路、制作过程中遇到的问题及解决方法；其次，其他同学进行评价，从作品的美观性、创新性、制作工艺等方面发表看法；最后，教师进行总结评价，肯定学生的努力和成果，同时指出存在的不足和改进方向。

4. 拓展创新

在学生掌握基本制作技能后，教师提出拓展任务，如让学生运用所学手工制作技能，结合其他材料如废旧物品，创作一件新的手工艺品，鼓励学生创新思维和实践能力的进一步发展。

第十章　课堂教学方法

第一节　教学方法的内涵与特性

一、教学方法的内涵

教学方法指在教学过程中，教师和学生为了实现教学目标、完成教学任务而采取的教与学相互作用的活动方式的总称。它既包括教师教的方法，也包括学生学的方法，是教授方法与学习方法的统一。

教学方法涵盖了教学活动的各个方面，从教师如何讲解知识、组织教学内容，到引导学生思考、参与课堂互动，以及学生如何进行自主学习、合作学习等。例如，讲授法中教师通过系统地讲解知识来传授内容；讨论法中教师组织学生进行交流讨论，共同探索问题。

教学方法的选择和运用取决于教学目标、教学内容、学生特点、教学环境等多种因素。不同的教学方法适用于不同的教学情境，其目的都是为了促进学生有效地学习和发展。

二、教学方法的特性

（一）目的性

教学方法具有明确的目的性。每一种教学方法都是为了实现特定的教学目标而存在的。例如，为了让学生牢固掌握基础知识，教师可能会采用讲授法，系统地讲解知识要点；为了培养学生的合作能力和创新思维，教师可能会采用小组合作学习法，让学生在合作中共同解决问题。

（二）双边性

教学方法是教师和学生共同参与的活动方式，具有双边性。教师的教与学生的学相互作用、相互影响。教师选择合适的教学方法引导学生学习，学生在学习过程中的反应也会促使教师调整教学方法。例如，在讨论法中，教师提出问题引导学生讨论，学生的积极参与和不同观点的交流又会促进教师进一步引导和启发。

（三）多样性

教学方法具有多样性。随着教育理论的发展和教学实践的不断探索，教学方法日益丰富多样。有以教师讲授为主的方法，如讲授法、演示法；有以学生活动为主的方法，如讨论法、探究法；有多种方法结合使用的综合性教学方法。不同的教学方法可以满足不同的教学需求和学生特点。

（四）灵活性

教学方法不是一成不变的，具有灵活性。教师在教学过程中可以根据教学实际情况灵活选择和运用教学方法，也可以对教学方法进行调整和创新。例如，在教学过程中如果发现学生对某个知识点理解困难，教师可以从讲授法转换为演示法或小组讨论法，以帮助学生更好地理解。

（五）综合性

教学方法往往不是单一使用的，而是具有综合性。在一堂课或一个教学单元中，教师通常会结合多种教学方法，以达到最佳的教学效果。例如，在讲解新内容时可能采用讲授法，在巩固知识时采用练习法，在培养学生合作能力时采用小组合作学习法。

第二节 教学方法的分类

一、以语言传递为主的教学方法

（一）讲授法

定义。讲授法是教师通过口头语言系统连贯地向学生传授知识的方法。它是最古老、最基本的教学方法之一。教师可以通过讲述、讲解、讲读等方式，将知识高效地传授给学生。例如，在历史课上，教师讲述历史事件的发生背景、过程和结果；在数学课上，教师讲解数学公式的推导过程和应用方法；在语文课上，教师讲读课文，分析文章的结构、主题和语言特色。

特点。优点是能够在较短的时间内传授大量系统的知识，教师可以根据教学目标和学生的实际情况灵活调整教学内容和进度。同时，教师的讲解可以使抽象的知识变得更加通俗易懂，帮助学生理解复杂的概念和原理。然而，讲授法也有一定的局限性，它以教师为中心，学生处于相对被动的接受地位，可能导致学生的学习积极性不高。而且，如果教师讲授时间过长，学生容易产生疲劳和注意力不集中的现象。

适用范围。适用于各种学科的基础知识、基本概念和原理的教学。例如，在自然科学课程中，物理、化学、生物等学科的理论知识讲解；在社会科学课程中，政治、历史、地理等学科的知识传授。

（二）谈话法

定义。谈话法也叫问答法，是教师按一定的教学要求向学生提出问题，要求学生回答，并通过问答的形式来引导学生获取或巩固知识的方法。例如，在语文课堂上，教师可以问学生："这篇课文的中心思想是什么？""作者通过哪些细节描写刻画人物形象？"在数学课堂上，教师问学生："如何运用这个数学公式解决实际问题？"

特点。谈话法能够激发学生的思维活动，促使学生积极思考问题，培养学生的口头表达能力。通过师生之间的互动交流，教师可以及时了解学生的学习情况和思维过程，发现学生的知识漏洞和误解，从而调整教学策略。不过，谈话法需要教师精心设计问题，问题要有启发性、针对性和系统性，否则可能会导致谈话过程混乱，无法达到预期的教学效果。

适用范围。适用于复习旧知识、巩固新知识、引导学生深入思考问题等教学环节。例如，在复习课上，教师通过提问帮助学生回顾学过的知识；在新知识教学中，通过提问引导学生理解新知识的要点；在培养学生思维能力的课程中，如哲学、逻辑思维等课程，谈话法可以有效地激发学生的思维。

（三）讨论法

定义。讨论法是学生在教师的指导下，围绕某一中心问题发表自己的看法，进行相互启发、相互学习的一种方法。例如，在英语文学作品阅读课上，教师可以组织学生讨论作品中的人物性格、主题思想、写作风格等问题；在社会热点问题的教学中，教师引导学生讨论热点事件的原因、影响和解决方案。

特点。讨论法能够充分发挥学生的主体作用，培养学生的合作精神、独立思考能力和创新能力。学生在讨论过程中可以各抒己见，从不同的角度分析问题，拓宽自己的思维视野。同时，通过倾听他人的观点，学生可以学会尊重他人的意见，提高自己的人际交往能力。但是，讨论法需要学生具备一定的知识基础和讨论能力，而且如果教师组织不当，可能会出现讨论偏离主题、个别学生主导讨论等情况。

适用范围。适用于具有一定开放性和争议性的教学内容，如文学作品赏析、社会科学问题研究、实验方案设计等。在高中和大学阶段的教学中应用较为广泛，尤其是在文科类课程和一些综合性课程中。

二、以直观感知为主的教学方法

（一）演示法

定义。演示法是教师通过展示实物、直观教具，进行示范性实验或采取现代化视听手段等，指导学生获得知识或巩固知识的方法。例如，在物理课上，教师演示实验仪器的操作方法，展示物理现象，如通过导线在磁场中的运动演示电磁感应现象；在生物课上，教师展示动植物标本，演示显微镜的使用方法；在美术课上，教师通过示范绘画技巧，让学生直观地看到绘画的过程和方法。

特点。演示法能够使学生获得丰富的感性材料，帮助学生理解抽象的知识。它具有直观性、形象性的特点，可以吸引学生的注意力，激发学生的学习兴趣。教师的示范操作还可以为学生提供正确的操作范例，培养学生的观察能力和实践操作能力。不过，演示法主要是教师进行演示，学生的参与程度相对较低，如果不能很好地引导学生观察和思考，可能会使演示变成简单的观看，学生无法真正理解演示内容所蕴含的知识。

适用范围。适用于自然科学课程中的实验现象展示、仪器操作教学，以及艺术课程中的技巧示范等。如小学科学课中的自然现象演示、中学物理化学课中的实验演示、职业技术学校的技能操作示范等。

（二）参观法

定义。参观法是教师根据教学目的和要求，组织学生对实际事物进行实地观察、研究，从而在实际中获得新知识或巩固、验证已学知识的一种教学方法。例如，在地理课教学中，教师组织学生参观自然博物馆，了解地球的地质结构、气候变化等知识；在历史课教学中，教师带领学生参观历史博物馆、古迹遗址，让学生亲身感受历史文化的氛围，加深对历史事件和人物的理解；在农业课程教学中，教师组织学生参观农场，观察农作物的种植、生长过程和农业机械的使用。

特点。参观法能够让学生在真实的情境中学习知识，拓宽学生的视野，增强学生的感性认识。学生可以直接接触到实际事物，将书本知识与实际生活相结合，提高学生的观察能力、实践能力和解决实际问题的能力。但是，参观法组织起来相对复杂，需要考虑时间、地点、安全等诸多因素，而且在参观过程中如果缺乏有效的指导，学生可能只是走马观花式地参观，无法达到预期的教学目的。

适用范围。适用于与实际生活联系紧密的学科教学，如地理、历史、生物、农业、工业等。特别是在一些需要学生了解实际生产过程、社会文化现象等内容的教学中，参观法具有独特的优势。

三、以实际训练为主的教学方法

（一）练习法

定义。练习法是学生在教师的指导下，依靠自觉的控制和校正，反复地完成一定动作或活动方式，借以形成技能、技巧或行为习惯的教学方法。例如，在数学课程中，学生通过做练习题来巩固所学的数学公式和解题方法；在语文课程中，学生通过写作练习来提高写作能力，通过字词书写练习来巩固字词的正确写法；在体育课程中，学生通过反复练习体育动作来掌握运动技能。

特点。练习法能够帮助学生巩固知识，将知识转化为技能和技巧。通过反复练习，学生可以加深对知识的理解和记忆，提高知识应用能力和解决实际问题的能力。同时，练习法可以培养学生的意志品质和良好的学习习惯。不过，练习法如果设计不当，如练习内容单一、重复度过高，可能会使学生感到枯燥乏味，降低学习积极性。

适用范围。适用于各种学科的知识巩固和技能训练。在语言类学科中，如语文、英语的听说读写技能训练；在数理学科中，如数学、物理、化学的解题技能训练；在体育、艺术等学科中，如体育动作、艺术表演技能的训练。

（二）实验法

定义。实验法是学生在教师的指导下，使用一定的设备和材料，通过控制条件的操作过程，引起实验对象的某些变化，从观察这些现象的变化中获取新知识或验证知识的教学方法。例如，在化学课程中，学生通过实验来验证化学反应的原理，如通过金属与酸的反应实验验证金属活动性顺序；在生物课程中，学生通过实验能观察植物的光合作用、动物的生理机能等现象；在物理课程中，学生通过实验能研究物体的运动规律、电磁现象等。

特点。实验法能够培养学生的动手能力、观察能力、思维能力和科学探究能力。学生在实验过程中，自己动手操作仪器，观察实验现象，记录和分析实验数据，得出实验结论，这一系列过程可以让学生亲身体验科学研究的方法和过程，激发学生的科学兴趣和创新精神。但是，实验法需要一定的实验设备和条件，而且实验过程中可能会出现各种意外情况，需要教师具备较强的实验指导能力和应变能力。

适用范围。主要适用于自然科学课程的实验教学，如物理、化学、生物等学科的实验课程。同时，在一些工程技术类学科和职业技能培训课程中也广泛应用。

四、以情感陶冶为主的教学方法

（一）欣赏教学法

定义。欣赏教学法指在教学过程中，教师指导学生体验客观事物的真、善、美，借以陶冶学生的高尚情操、培养学生的正确价值观和高尚道德品质的教学方法。例如，在音乐欣赏课上，教师引导学生欣赏不同风格的音乐作品，如古典音乐、民族音乐、流行音乐等，让学生感受音乐的美妙旋律和情感表达，培养学生的音乐素养和审美情趣；在美术欣赏课上，教师组织学生欣赏绘画、雕塑等艺术作品，让学生领略艺术作品的色彩、构图、意境等美学特征，提高学生的艺术鉴赏能力。

特点。欣赏教学法能够丰富学生的精神生活，培养学生的审美情感和高尚情操。通过欣赏优秀的文化艺术作品，学生可以受到潜移默化的情感熏陶，提升自己的文化素养和道德境界。不过，欣赏教学法对教师的专业素养要求较高，教师需要具备丰富的艺术知识和敏锐的审美感知能力，才能有效地引导学生进行欣赏。

适用范围。适用于艺术课程、文学课程、品德课程等注重情感体验和价值观培养的学科教学。如中小学的音乐、美术、语文（文学作品欣赏部分）课程，以及大学的艺术鉴赏、文学批评等课程。

（二）情境教学法

定义。情境教学法指在教学过程中，教师有目的地引入或创设具有一定情绪色彩的、以形象为主体的生动具体的场景，以引起学生一定的态度体验，从而帮助学生理解教材，并使学生的心理机能得到发展的教学方法。例如，在语文教学中，教师创设角色扮演的情境，让学生扮演课文中的角色，体验角色的情感和思想，从而更好地理解课文内容；在英语教学中，教师创设真实的语言交流情境，如餐厅点餐、机场候机等情境，让学生在情境中学习和运用英语。

特点。情境教学法能够激发学生的学习兴趣和情感共鸣，使学生在轻松愉快的氛围中学习知识。它通过创设情境，将抽象的知识与具体的情境相结合，有助于学生理解和记忆知识。同时，情境教学法还可以培养学生的想象力和创造力。但是，情境教学法需要教师精心设计情境，情境要符合教学内容和学生的实际情况，而且在情境教学过程中，要注意引导学生将注意力集中在教学目标上，避免情境过于娱乐化而偏离教学主题。

适用范围。适用于语言类学科、文学类学科、社会科学类学科等多种学科的教学。在小学语文、英语教学中应用较多，也适用于中学的历史、地理等学科的部分教学内容。

第三节　教学方法的选择

一、依据教学目标选择教学方法

（一）知识与技能目标

如果教学目标侧重于知识的系统传授和技能的熟练掌握，讲授法和练习法可能是比较合适的选择。例如，在数学学科中，对于代数部分的公式、定理等知识的讲解，教师可以使用讲授法，清晰、准确地向学生阐述知识内容。然后通过练习法，让学生进行大量的练习题，如解方程、函数求值等，以巩固所学的知识和技能，提高学生的解题能力。对于一些需要学生实际操作才能掌握的技能，如物理实验技能、计算机软件操作技能等，实验法和实际操作演示法显得尤为重要。教师通过示范操作，让学生清楚地看到操作步骤和方法，然后让学生自己动手实验或操作，逐步掌握技能。

（二）过程与方法目标

当教学目标关注学生的学习过程和方法的培养时，讨论法、探究法等方法更为适用。例如，在科学课程中，为了培养学生的科学探究能力，教师可以采用探究法。教师提出一个科学问题，如"植物的生长需要哪些条件？"然后引导学生自己设计实验、观察记录、分析数据，最后得出结论。在这个过程中，学生学会了科学探究的过程和方法，包括提出假设、控制变量、收集数据等。讨论法有助于培养学生的思维能力和合作精神。在语文课堂上，对于文学作品的主题探讨，教师可以组织学生进行小组讨论，让学生在讨论中分享自己的观点，学会从不同的角度思考问题，同时锻炼了学生的口头表达能力和倾听他人意见的能力。

（三）情感态度与价值观目标

对于情感态度与价值观目标，欣赏教学法和情境教学法是很好的选择。在美术课上，为了培养学生的审美情趣和对艺术的热爱之情，教师可以采用欣赏教学法，引导学生欣赏不同时期、不同风格的美术作品，让学生感受作品的色彩、构图、意境等美学元素，从而使学生在欣赏过程中得到美的熏陶，培养积极向上的审美态度。情境教学法在品德教育方面有很好的应用。例如，在道德与法治课上，教师创设一些真实的生活情境，如在公共场合遇到不文明行为该怎么办，让学生在情境中体验和思考，培养学生正确的价值观和良好的道德行为习惯。

二、依据教学内容选择教学方法

（一）理论性强的内容

对于理论性较强的教学内容，如数学、物理、化学等学科中的概念、定理、公式等，讲授法是常用的方法。教师可通过深入浅出的讲解，结合实例和逻辑推导，帮助学生理解抽象的理论知识。例如，在物理课上讲解牛顿运动定律，教师可以从生活中的运动现象入手，引入牛顿运动定律的概念，然后通过数学公式推导和实验验证，详细地向学生讲解定律的内容和应用范围。同时，为了帮助学生更好地理解和记忆，也可以采用对比教学法，将容易混淆的概念或定理进行对比分析，如在化学课上对比氧化反应和还原反应的概念、特点和相互关系。

（二）实践性强的内容

实践性强的教学内容需要学生通过实际操作来掌握，实验法、实习法、练习法等是主要的教学方法。在职业技术教育中，如汽车维修专业的教学内容，学生需要通过大量的实际操作来掌握汽车维修技能。教师可以在实习车间，通过示范操作和学生实际操作相结合的方式，让学生掌握汽车零部件的拆卸、检测、维修和安装等技能。在体育课程中，各种体育项目的教学内容都需要学生通过反复练习来提高运动技能，如篮球教学中，学生通过练习投篮、传球、运球等基本技能，逐步掌握篮球运动的技巧。

（三）情感性和艺术性强的内容

对于情感性和艺术性强的教学内容，如语文、音乐、美术等学科中的文学作品、音乐作品、美术作品等，欣赏教学法和情境教学法是比较合适的。在语文教学中，对于诗歌、散文等文学作品的教学，教师可以通过创设情境，如播放与作品意境相符的音乐、展示相关的图片或视频等，将学生带入作品的情境之中，让学生更好地体会作品的情感和意境。在音乐教学中，欣赏教学法是核心教学方法，教师通过引导学生欣赏不同风格的音乐作品，从古典音乐到流行音乐，从民族音乐到西方音乐，让学生感受音乐的节奏、旋律、和声等要素，培养学生的音乐鉴赏能力和审美情趣。

三、依据学生特点选择教学方法

（一）年龄特点

对于低年级学生，由于他们的形象思维占主导地位，注意力难以长时间集中，教学方法应该更具趣味性和直观性。例如，在小学低年级的语文教学中，可以多采用直观演示法，如通过展示图片、实物等方式帮助学生认识汉字和理解课文内容。游戏教学法也很适合低年级学生，如在数学教学中，通过数学游戏来帮助学生学习加减法。对于高年级学生，随着抽象思维能力的发展，可以适当增加探究法、讨论法等方法的使用。在高中物理教学中，对于一些物理原理的学习，教师可以引导学生通过探究实验和小组讨论的方式，深入理解物理知识，培养学生的科学探究能力和合作精神。

（二）学习风格差异

学生的学习风格有视觉型、听觉型、动觉型等不同类型。对于视觉型学生，演示法、多媒体教学法等能够提供丰富视觉信息的方法比较有效。例如，在地理教学中，通过展示地图、地球仪、地理景观图片和视频等方式，能够帮助视觉型学生更好地理解地理知识。听觉型学生更适合通过讲授法、谈话法等以语言传递为主的教学方法来学习。教师通过生动的讲解、富有启发性的提问等方式来吸引听觉型学生的注意力。动觉型学生需要通过实际操作和身体运动来学习，对于这类学生，实验法、实习法、角色扮演法等方法比较合适。在生物实验教学中，动觉型学生可以通过自己动手操作实验仪器、观察实验现象等方式，更好地掌握生物知识和实验技能。

四、依据教学条件选择教学方法

（一）硬件设施条件

如果学校具备良好的多媒体教学设备，如投影仪、电子白板、计算机实验室等，教师可以充分利用这些设备，采用多媒体教学法。在历史教学中，可以通过播放历史纪录片、动画演示历史事件等方式，让学生更加直观地了解历史。在计算机课程中，利用计算机实验室的设备，让学生进行实际的软件操作和编程练习。如果教学设备有限，教师需要更多地依靠传统的教学方法，如讲授法、板书演示法等，同时可以利用一些简单的教具，如模型、实物等辅助教学。例如，在几何教学中，教师可以利用自制的几何模型来帮助学生理解空间几何图形的结构和性质。

（二）时间和空间限制

教学时间的长短也会影响教学方法的选择。如果教学时间比较充裕，教师可以采用探究法、讨论法等需要较长时间的教学方法，让学生有足够的时间进行思考、讨论和探究。例如，在综合实践课程中，教师可以安排学生进行一个为期数周的项目探究，让学生通过查阅资料、实地调查、实验研究等方式完成项目。但若教学时间有限，如在一些公开课或者短期培训课程中，教师可能需要选择讲授法等能够在短时间内传授大量知识的教学方法。教学空间也会对教学方法产生影响，在教室空间有限的情况下，一些需要较大空间的教学方法，如体育教学中的大型体育活动教学方法可能就不太适用，教师需要根据实际的教学空间调整教学方法，如在教室里进行一些简单的体育技能训练或者体育知识讲解。

第十一章　课堂教学艺术

第一节　教学语言艺术

一、教学语言艺术的内涵

教学语言艺术是教师在教学过程中运用语言的技巧和能力的体现。它不仅是简单地传递知识信息，更是通过富有感染力、启发性和趣味性的语言表达来激发学生的学习兴趣，引导学生积极思考，促进学生对知识的理解和掌握。

教学语言包括口头语言、书面语言和体态语言等多种形式。口头语言是教师在课堂上最常用的教学语言形式，它要求教师发音准确、清晰流畅、富有节奏感和表现力。书面语言主要体现在教师的板书、教案和作业批改等方面，要求书写规范、简洁明了、重点突出。体态语言则包括教师的表情、动作、手势等，它可以辅助口头语言，增强教学的感染力和亲和力。

二、教学语言艺术的特点

规范性教学语言必须符合语言规范，包括语法规范、词汇规范和发音规范等。教师要用正确的语言表达思想，避免出现语法错误、用词不当和发音不准确等问题。同时，教学语言要符合学科规范，使用学科专业术语准确地表达学科知识。

准确性教学语言要准确地表达教学内容，避免模糊不清和歧义。教师要对教学内容有深入的理解，用恰当的语言准确地阐述知识要点、概念定义、原理规律等。准确的教学语言可以帮助学生正确地理解和掌握知识，避免产生误解。

启发性教学语言要具有启发性，能够激发学生的思维，引导学生积极思考。教师可以通过提问、设疑、引导等方式，用富有启发性的语言激发学生的求知欲和探索精神。启发性的教学语言可以培养学生的创新思维和解决问题的能力。

生动性教学语言要生动形象、富有感染力。教师可以运用比喻、拟人、夸张等修辞手法，使教学内容更加生动有趣。同时，教师通过讲述故事、引用案例等方式来增强教学语言的吸引力和趣味性。生动的教学语言可以提高学生的学习兴趣，使学生更加积极主动地参与学习。

简洁性教学语言要简洁明了，避免冗长烦琐。教师要用简洁的语言表达教学内容，突出重点，避免废话和重复。简洁的教学语言可以提高教学效率，让学生更容易理解和掌握知识。

三、教学语言艺术的作用

提高教学效果教学语言艺术可以增强教学效果，使学生更好地理解和掌握知识。生动、准确、富有启发性的教学语言可以激发学生的学习兴趣，引导学生积极思考，提高学生的学习积极性和主动性。同时，教学语言艺术还可以帮助教师更好地组织教学，提高教学效率。

提高师生交流教学语言艺术可以促进师生之间的交流和互动。良好的教学语言可以让学生感受到教师的关爱和尊重，增强师生之间的感情。同时，教师可以通过倾听学生的发言，用恰当的语言回应学生的问题和观点，促进师生之间的交流和互动。

培养学生语言能力教学语言艺术可以提高学生的语言能力。教师的语言表达是学生学习语言的榜样，教师用规范、准确、生动的语言进行教学，可以让学生在潜移默化中提高语言表达能力。同时，教师可以通过引导学生进行口语表达和写作练习，培养学生的语言运用能力。

四、提高教学语言艺术的方法

（一）加强语言修养

教师要不断加强自身的语言修养，提高语言表达能力。可以通过阅读文学作品、学习语言学知识、参加语言培训等方式，丰富自己的语言词汇，提高语言表达的准确性和生动性。

（二）深入研究教学内容

教师要深入研究教学内容，准确把握知识要点和难点。只有对教学内容有深入的理解，才能用恰当的语言准确地阐述教学内容，避免出现错误和模糊不清的表达。

（三）了解学生特点

教师要了解学生的特点和需求，根据学生的年龄、认知水平和兴趣爱好等选择合适的教学语言。用学生易于理解和接受的语言进行教学，可以提高教学效果。

（四）注重语言表达技巧

教师要注重语言表达技巧的运用，如语调、语速、重音等。恰当的语调、语速和重音可以增强教学语言的表现力和感染力，提高教学效果。

（五）不断反思和改进

教师要不断反思自己的教学语言，听取学生的意见和建议，及时发现问题并加以改进。通过不断地反思和改进，可以提高教学语言艺术水平，更好地服务于教学工作。

第二节　组织管理艺术

一、课堂秩序的建立与维护

（一）明确规则与期望

在课堂开始之初，教师应清晰地向学生阐明课堂规则，包括考勤制度、课堂纪律（如禁止随意讲话、玩手机、打闹等）、发言规范（如先举手后发言、尊重他人发言等）以及作业要求等。例如，教师可以在开学第一课或者每节课开始的前几分钟，以书面形式展示在黑板上或者通过多媒体课件呈现课堂规则，并详细解释每条规则的含义和目的，让学生明确知道自己在课堂上应该做什么、不应该做什么，从而为良好课堂秩序的建立奠定基础。

（二）及时处理违规行为

当学生出现违反课堂规则的行为时，教师需要及时且恰当的处理。对于轻微的违规行为，如小声讲话或者偶尔的注意力不集中，教师可以采用非言语暗示，如眼神交流、轻微地摇头或者走到学生身边停留片刻等方式提醒学生，既纠正了学生的行为，又不影响课堂教学的正常进行。对于较为严重的违规行为，如故意扰乱课堂秩序、与同学发生激烈冲突等，教师则应暂停教学活动，严肃地指出学生的错误行为，按照事先制定的规则给予相应的处罚，如警告、罚站、课后留校谈话等，但处罚的目的是教育学生改正错误，而不是单纯的惩罚。

（三）培养学生的自律意识

教师要通过长期的教育和引导来培养学生的自律意识。可以通过组织课堂讨论，让学生参与课堂规则的制定，使他们对规则有更强的认同感和责任感。例如，在讨论课堂发言规则时，教师可以引导学生思考如何保证每个同学都有公平的发言机会，怎样的发言方式才能促进大家的学习等问题，然后根据学生的讨论结果制定发言规则。此外，教师可以通过树立榜样的方式，表扬那些遵守课堂规则、自律性强的学生，让其他学生向他们学习，逐渐形成良好的课堂行为习惯。

二、教学节奏的把握与调控

（一）合理安排教学环节时间

教师在教学设计时，要根据教学内容的重点、难点以及学生的学习情况，合理分配各个教学环节的时间。例如，对于重点知识的讲解，应给予足够的时间，确保学生能够理解和掌握，可以安排15~20分钟甚至更长时间；而对于导入环节和练习环节，则相对缩短时间，导入环节一般控制在3~5分钟，练习环节根据练习的题目数量和难度，可安排10~15分钟左右。在课堂教学过程中，教师要严格按照预定的时间计划进行教学，避免在某个环节过度拖延或者仓促而过，保证教学节奏的平稳有序。

（二）根据学生反应调整教学进度

教师要时刻关注学生的课堂反应，根据学生的学习状态和理解程度及时调整教学进度。如果发现学生对某个知识点理解困难，表现出迷茫或者疑惑的表情，教师应放慢教学速度，增加实例讲解、重复强调或者进行小组讨论等方式，帮助学生消化吸收。例如，在数学教学中，当讲解一个复杂的数学公式时，如果学生普遍反映跟不上，教师可以先举几个简单的例子，让学生从具体的例子中逐步理解公式的含义和应用方法，然后继续讲解后面的内容。相反，如果学生对某个内容掌握得很快，教师可以适当加快教学进度，增加一些拓展性的内容或者进行更深层次的探讨，以满足学生的学习需求，激发学生的学习兴趣。

（三）灵活运用教学方法调节节奏

不同的教学方法具有不同的节奏特点，教师可以根据教学需要灵活运用教学方法来调节教学节奏。讲授法可以在短时间内传递大量信息，适合用于新知识的快速导入和系统讲解；讨论法可以激发学生的思维活力，促进学生之间的交流互动，但需要花费较多的时间；练习法可以帮助学生巩固所学知识，提高知识应用能力，其节奏相对紧凑。教师可以在课堂教学中合理搭配这些教学方法，如首先通过讲授法引入新知识，然后采用讨论法让学生深入思考和交流，最后用练习法进行巩固强化，使课堂教学节奏富有变化，避免单调乏味，提高学生的学习积极性。

三、师生关系的构建与优化

（一）尊重与理解学生

教师要尊重学生的个性差异、兴趣爱好、文化背景以及学习能力等方面的不同。在课堂教学中，认真倾听学生的发言，无论其观点是否正确，都给予充分的尊重和鼓励，不轻易打断或者批评学生。例如，在语文课堂讨论中，当学生对一篇课文的主题有不同的理解时，教师不要急于否定学生的观点，而应引导学生阐述自己的理由，通过讨论和分析，让学生在相互交流中拓宽思维视野，同时也让学生感受到教师对他们的尊重。教师还要理解学生在学习和生活中可能遇到的困难和压力，当学生出现学习成绩下降或者情绪低落等情况时，教师要主动关心学生，了解其背后的原因，给予适当的帮助和支持。

（二）建立良好的沟通渠道

教师要积极与学生建立多种沟通渠道，除了课堂上的互动交流，还可以利用课余时间与学生进行面对面的谈心、通过电子邮件、在线学习平台等方式与学生进行交流。例如，教师可以定期安排课后答疑时间，让学生有机会提出自己在学习过程中遇到的问题；可以建立班级学习交流群，在群里分享学习资料、布置作业、解答学生的疑问等。通过这些沟通渠道，教师可以及时了解学生的学习需求、学习困惑以及对教学的意见和建议，同时能让学生感受到教师的关注和关心，增进师生之间的感情。

（三）公平公正对待每一位学生

在教学评价、课堂互动、资源分配等方面，教师要做到公平公正。无论是成绩优秀的学生还是成绩较差的学生，无论是内向的学生还是外向的学生，都应给予平等的机会和待遇。例如，在课堂提问时，教师应尽量照顾到不同层次的学生，避免总是提问少数几个成绩好或者表现活跃的学生；在批改作业和评定成绩时，严格按照统一的标准进行，不偏袒任何一位学生；在组织课堂活动时，鼓励每个学生积极参与，根据学生的实际表现给予客观的评价和反馈，让学生在公平公正的环境中学习和成长，从而构建和谐稳定的师生关系。

第十二章 课堂教学评价

第一节 课堂教学评价的意义

一、促进教师专业发展

（一）提供反馈与反思机会

课堂教学评价为教师提供了关于教学效果的反馈信息。通过评价，教师可以了解自己在教学目标的达成、教学方法的运用、教学内容的组织等方面的表现。这些反馈促使教师进行反思，分析教学中的优点和不足，从而有针对性地改进教学策略，提升教学水平。例如，教师在收到学生对课堂讲解清晰度的评价后，可能会反思自己的表达方式，如调整语速、增加举例等，以提高讲解的效果。

（二）激励教师不断进步

积极的评价结果可以增强教师的教学自信和成就感，激励他们继续保持良好的教学状态；而建设性的批评能促使教师认识到自己的差距，激发他们不断努力提升专业素养的动力。例如，教师在获得教学创新方面的肯定评价后，会更有动力去尝试新的教学方法和手段，以不断提升教学质量。

二、提升学生学习效果

引导学生积极参与课堂教学评价可以让学生感受到自己在教学过程中的主体地位，激发他们积极参与课堂活动的热情。当学生知道自己的意见和建议被重视时，会更加主动地投入到学习中，提高学习的积极性和主动性。例如，学生在参与对课堂互动环节的评价后，教师根据反馈增加互动活动的趣味性和挑战性，则学生的参与度会显著提高。

在促进学生自我认知评价过程中，学生对教学的反馈也有助于他们对自己的学习过程进行反思，了解自己的学习需求和不足之处。这有助于学生调整学习策略，提高学习效率，更好地实现学习目标。比如，学生在评价中意识到自己在小组合作学习中存在沟通不足的问题，就会有意识地改进自己的合作方式，提升学习效果。

三、优化教学管理

（一）为教学决策提供依据

学校管理者可以通过课堂教学评价了解教师的教学情况和学生的学习需求，从而为教学资源的分配、教学计划的调整、教师培训的安排等教学决策提供重要依据。例如，根据评价结果发现某些学科的教学方法普遍存在问题，学校可以组织相关的教学研讨和培训活动。

（二）保障教学质量

课堂教学评价有助于建立教学质量监控体系，确保教学活动符合教育教学目标和要求。通过定期的评价，可以及时发现教学中存在的问题，并采取相应的措施加以解决，从而保障教学质量的持续提升。比如，学校通过对教师教学的评价，对教学质量不达标的教师进行指导和帮扶，以提高整体教学质量。

第二节　课堂教学评价的内容

一、教学目标评价

（一）目标的合理性

1. 符合课程标准

教学目标应与课程标准紧密契合。课程标准是教学的基本依据，规定了学科教学的总体要求和方向。例如，在数学课程标准中，对不同学段的学生在数与代数、图形与几何、统计与概率等领域都有明确的知识与技能、过程与方法、情感态度与价值观目标。教师在设计课堂教学目标时，要确保所设定的目标与这些要求相匹配。比如，在初中数学"一元二次方程"的教学中，课程标准要求学生理解一元二次方程的概念，掌握配方法、公式法、因式分解法等解方程的方法，能运用一元二次方程解决简单的实际问题。教师应围绕这些要求来制定具体的课堂教学目标，确保目标的合理性和规范性。

2. 适合学生水平

教学目标要考虑学生的实际知识水平、认知能力和学习能力。如果目标过高，学生难以达到，会产生挫败感；目标过低，则无法激发学生的学习动力，不能满足学生的发展需求。例如，对于基础较弱的班级，在语文古诗词教学中，不能一开始就要求学生对诗词进行深度的文学鉴赏，如分析诗词的意境、作者的情感变化等复杂内容，而应先从基本的诗词背诵、字词理解等目标入手，随着学生知识和能力的提升，逐步增加目标的难度。

（二）目标的明确性

1. 内容清晰具体

教学目标的表述应该清晰、具体，让教师和学生都能准确理解教学要达到的结果。避免使用模糊、笼统的表述，如"学生要对物理知识有一定的了解"，这种表述没有明确"一定的了解"具体指什么。相反，应该明确具体的内容，如"学生能够准确说出牛顿第一定律的内容，并能列举生活中体现该定律的实例"。这样的目标具体明确，教师可以根据目标设计教学活动，学生也能清楚自己需要努力的方向。

2. 行为动词恰当

使用恰当的行为动词来描述学生的学习行为，这些行为动词应具有可观察性和可测量性。例如，"理解""掌握""应用""分析""评价"等动词，能够清楚地表明学生在知识、技能或思维方面需要达到的程度。以英语教学为例，"学生能够正确运用一般过去时描述昨天发生的事情"，这里的"正确运用"是一个可观察和可测量的行为动词，教师可以通过学生的口头表达或书面作业来判断学生是否达到了这一目标。

二、教学内容评价

(一) 内容的准确性

1. 知识无误

教学内容必须准确无误，这是教学的基本要求。教师对所教授的学科知识要有深入的理解和把握，不能出现概念错误、原理误解或事实偏差等情况。在历史教学中，对于历史事件的时间、地点、人物、经过等内容要确保准确；在科学教学中，如物理、化学、生物等学科，对于科学概念、实验现象、公式推导等知识必须严谨正确。例如，在化学教学中讲解化学方程式的书写时，要保证反应物、生成物的化学式正确，反应条件、配平系数等内容准确无误，否则会导致学生对知识的错误理解。

2. 更新及时

教学内容要与时俱进、及时更新。随着学科的发展和社会的进步，新的知识、观念和案例不断涌现。教师应将这些新的内容融入教学中，使学生能够了解学科的前沿动态和实际应用。在计算机教学中，软件和技术的更新换代非常快，教师应及时更新教学内容，如在编程教学中，介绍最新的编程语言特性、应用场景以及行业的发展趋势，让学生所学的知识与实际需求紧密结合。

(二) 内容的合理性

1. 重点突出

教学内容应突出重点，明确核心知识和关键技能。教师要根据教学目标和学生的学习需求，确定哪些内容需要重点讲解、反复强调和强化练习。例如，在数学函数教学中，函数的概念、性质和图像是重点内容，教师应在教学过程中通过多种方式突出这些重点，如增加教学时间、结合实例深入讲解、设计针对性练习等，让学生能够深刻理解和掌握这些重点知识。

2. 难易适度

教学内容的难易程度要适中，符合学生的认知规律。既要有一定的挑战性，能够激发学生的学习兴趣和思维能力，又不能过于困难，使学生产生畏难情绪。在安排教学内容时，要遵循由浅入深、由易到难的顺序。以语文阅读教学为例，对于一篇较难的文学作品，可以先从简单的字词理解、文章大意概括入手，然后深入到主题分析、写作手法探讨等较难的内容，让学生逐步适应并提升阅读能力。

三、教学方法评价

（一）方法的适用性

1. 符合教学目标和内容

教学方法要与教学目标和教学内容相适应。不同的教学目标和内容需要不同的教学方法来实现和传授。例如，对于知识的系统传授，讲授法可能比较合适；对于培养学生的动手能力和实践技能，实验法或实习法是更好的选择。在语文写作教学中，如果教学目标是让学生掌握某种写作技巧，如人物描写技巧，教师可以采用范例教学法，通过展示优秀的人物描写片段来分析其中的技巧，然后让学生进行模仿练习，这样的教学方法能够与教学目标和内容紧密结合，能够有效提高教学效果。

2. 适合学生特点

教学方法还要考虑学生的年龄、认知水平、学习风格等特点。对于低年级学生，直观形象的教学方法如演示法、游戏教学法等更能吸引他们的注意力，帮助他们理解知识；对于高年级学生，探究法、讨论法等可以激发他们的思维，培养他们的自主学习能力。例如，在小学科学课上，通过有趣的实验演示，如"火山爆发""彩虹的形成"等实验，让学生直观地观察科学现象，符合小学生好奇心强、形象思维为主的特点；在高中物理课上，对于一些物理原理的探究，如电磁感应现象的探究，采用探究法，让学生自己设计实验、分析数据，更符合高中生抽象思维发展的阶段和他们对知识探索的需求。

（二）方法的多样性

1. 灵活运用多种方法

教师在课堂教学中应灵活运用多种教学方法，避免单一的教学方法导致课堂枯燥乏味。不同的教学方法可以从不同的角度激发学生的学习兴趣，促进学生的学习。例如，在数学课堂上，教师可以先采用讲授法讲解新知识，然后通过小组讨论法让学生交流对知识的理解和应用，并用练习法巩固所学知识，最后通过数学游戏法（如数学竞赛）激发学生的学习积极性。这样，多种教学方法相结合，使课堂教学充满活力，提高学生的学习效果。

2. 有机整合教学方法

教学方法之间要相互配合、有机整合。例如，在情境教学法中可以融入探究法，教师创设一个问题情境，如在生物课上创设"探究池塘生态系统的稳定性"的情境，然后引导学生在这个情境中进行探究，通过观察、实验、分析等步骤解决问题，这种有机整合的教学方法能够更好地发挥各种方法的优势，提高教学质量。

四、教学过程评价

（一）环节的完整性

1. 有序推进教学环节

教学过程应包括完整的教学环节，如导入、新授、练习、总结等环节，并且这些环节要有序推进。导入环节要能够吸引学生的注意力，激发学生的学习兴趣，为新授环节做好铺垫；新授环节是教学的核心部分，要系统地传授知识、培养技能；练习环节要能够帮助学生巩固所学知识，提高知识应用能力；总结环节是对本节课的内容进行归纳总结，强化学生的记忆。例如，在英语语法教学中，导入环节可以通过一个有趣的英语句子引出要学习的语法点，新授环节详细讲解语法规则和用法，练习环节让学生进行语法填空、句子改写等练习，总结环节回顾语法重点和易错点，每个环节紧密相连，构成一个完整的教学过程。

2. 时间分配合理

各个教学环节的时间分配要合理。教师应根据教学内容的重要性和难易程度，以及学生的学习情况，合理安排每个环节的时间。例如，对于重点知识的讲解和练习，应给予足够的时间，确保学生能够理解和掌握；导入环节和总结环节时间不宜过长，避免影响教学的主体部分。在一节45分钟的数学课上，如果新授内容是一个重要的数学定理，可能需要25~30分钟的时间来讲解和举例，练习环节安排10~15分钟，导入和总结环节各占3~5分钟左右。

（二）互动的有效性

1. 师生互动良好

教学过程中师生之间的互动要积极有效。教师要通过提问、引导、反馈等方式与学生进行互动，关注学生的反应和回答，及时调整教学策略。例如，在课堂提问中，教师提出的问题要有启发性，能够引导学生思考；对于学生的回答，教师要给予积极的反馈，肯定正确的部分，纠正错误的部分，鼓励学生积极参与课堂互动。同时，教师要鼓励学生主动提问，营造良好的师生互动氛围。

2. 生生互动充分

学生之间的互动也非常重要，如小组讨论、合作学习等形式的生生互动可以培养学生的合作精神、沟通能力和思维能力。教师要合理组织学生进行生生互动，确保互动的有效性。例如，在小组讨论中，教师要明确讨论的主题和要求，指导小组分工，监督讨论过程，避免讨论偏离主题或者个别学生主导讨论的情况，让每个学生都能在生生互动中有所收获。

表 12-1 为互动式课堂教学模式的评价量表举例。

表 12-1 互动式课堂教学模式的评价量表

模块	评价指标和分值			评价等级和得分			
	一级指标	二级指标	分值	A	B	C	D
感知	教师活动（7）	创设情境合理，设计问题恰当，课题导入巧妙	4	4	3	2	1
		鼓励学生语言恰当，多少适中，声音适当且不影响学生的思考	3	3	2	1	0
	学习目标——目标思考题（10）	紧扣教材且突出重点和难点	5	5	4	3	2
		具有顺序性、兴趣性、层次性、启发性、可探究性、前置补偿性	5	5	4	3	2
	学生活动（13）	质疑强烈，求知心切	3	3	2	1	0
		仔细阅读、观察、操作等	5	5	4	3	2
		独立思考，认真记录问题	5	5	4	3	2
探究	学生活动（30）	讨论问题扎实有效	5	5	4	3	2
		板演或书面书写规范	3	3	2	1	0
		所提问题紧扣教材	5	5	4	3	2
		讨论主动、交流发言积极踊跃	5	5	4	3	2
		回答问题恰当准确或说理明白	5	5	4	3	2
		联系实际密切	3	3	2	1	0
		互帮互学比较默契	4	4	3	2	1
	教师活动（10）	鼓励适当、点拨及时、讲解准确、启发到位	5	5	4	3	2
		注重方法指导和规律总结	5	5	4	3	2

模块	评价指标和分值			评价等级和得分			
	一级指标	二级指标	分值	A	B	C	D
反馈	学生活动 （17）	反思中又有新的问题发现或新的见解	5	5	4	3	2
		做题认真、准确率高	3	3	2	1	0
		回答问题科学严谨且知其所以然	4	4	3	2	1
		学习效果好	5	5	4	3	2
	教师活动 （13）	对待答案追问原因且注重方法指导和规律总结	4	4	3	2	1
		语言亲切、态度和蔼、幽默诙谐	3	3	2	1	0
		注重联系实际	3	3	2	1	0
		注重情感反馈中态度情感价值观的培养	3	3	2	1	0

第三节　课堂教学评价的方法

一、课堂观察法

（一）定义与目的

课堂观察法指教师在课堂教学过程中，通过直接观察学生的学习行为、表情、互动情况等获取信息，从而对教学效果进行评价的方法。其目的是及时了解学生的学习状态、参与程度、知识掌握情况等，以便教师调整教学策略，改进教学方法。例如，教师通过观察学生在课堂提问时的反应，是积极思考并踊跃回答，还是困惑迷茫或者漠不关心，从而判断学生对知识的理解程度；观察学生在小组讨论中的表现，如是否积极参与讨论、能否发表自己的观点、是否认真倾听他人意见等，评估学生的合作学习能力和思维活跃度。

（二）观察内容与记录方式

1. 观察内容

包括学生的学习行为（如是否认真听讲、记笔记、举手发言等）、情绪状态（如兴奋、专注、厌烦、焦虑等）、课堂互动（师生互动和生生互动，如提问、回答、讨论、合作等情况）以及对教学内容的反应（如对新知识的理解、对重点难点的掌握程度等）。例如，在语文课堂上，教师观察学生在学习古诗词时，是否能够理解诗词的意境，从学生的表情、眼神以及是否能够主动分享自己对诗词的感受等方面获取信息。

2. 记录方式

可以采用多种记录方式。一种是轶事记录法，即教师将观察到的学生的典型行为或事件记录下来，包括事件发生的时间、背景、学生的行为表现和教师的简短评价。例如，"在讲解数学函数图像平移规律时，学生 A 在 10：15 主动提出一个关于函数 $y=f(x+a)$ 与 $y=f(x)$ 图像关系的疑问，这表明他在认真思考，对新知识有探索欲望"。另一种是行为检查表，教师事先设计好一张表格，列出需要观察的学生行为或教学环节，在观察过程中通过打勾、划叉等方式进行记录。比如，在观察学生课堂参与情况时，表格列有"主动发言""回答正确""参与小组讨论""遵守课堂纪律"等项目，教师根据学生的实际表现进行记录。

二、学生反馈法

（一）问卷调查

1. 设计与实施

教师可以设计问卷来收集学生对课堂教学的反馈。问卷内容包括对教学目标的理解、教学内容的兴趣和掌握程度、教学方法的喜好、教学过程的满意度等方面。例如，在问卷中设置问题"你是否清楚本节课的教学目标？""你最喜欢本节课的哪个教学环节？""你认为哪种教学方法对你学习帮助最大？"等。问卷的题型可以有选择题、填空题、简答题等多种形式。在实施问卷调查时，要注意问卷的发放时间和回收情况，一般可以在课后或者单元教学结束后发放问卷，确保有较高的回收率，以获取较为全面的学生反馈。

2. 分析与应用

对回收的问卷进行分析，通过统计选择题的选项比例来了解学生的主流观点，分析简答题的内容来获取学生的具体意见和建议。例如，如果大部分学生在"你是否清楚本节课的教学目标？"这个问题中选择"是"，说明教学目标的传达比较清晰；如果很多学生在"你认为本节课的教学内容难度如何？"的问题中选择"较难"，教师需要反思教学内容是否超出了学生的接受能力，考虑如何调整教学难度。根据问卷分析的结果，教师可以有针对性地改进教学，如优化教学目标的表述、调整教学内容的难度、更换教学方法等。

（二）学生访谈

1. 访谈形式与内容

学生访谈可以是个别访谈或者小组访谈。访谈内容主要围绕学生对课堂教学的感受、体验和建议展开。例如，在个别访谈中，教师可以问学生"你在本节课的学习过程中有什么困难吗？""你对老师的教学方法有什么看法？"在小组访谈中，教师可以引导学生讨论"你们觉得这节课的教学内容有哪些地方可以改进？"通过访谈，教师可以深入了解学生的内心想法，狄取更详细、更有针对性的反馈信息。

2. 技巧与注意事项

在访谈过程中，教师要注意访谈技巧。首先，要营造轻松、开放的访谈氛围，让学生能够真实地表达自己的想法。其次，提问要具体、明确，避免模糊、笼统的问题。例如，不要问"你觉得这节课怎么样？"这样过于宽泛的问题，而应该问"你觉得这节课的教学内容哪个部分最吸引你？为什么？"最后，教师要认真倾听学生的回答，不要急于打断学生，并且要做好记录，以便后续整理和分析。

三、教学反思法

（一）自我反思

1. 内容与角度

教师自我反思是教学评价的重要方法之一。教师可以从多个角度进行反思，包括教学目标的达成情况、教学内容的处理是否得当、教学方法的运用是否有效、教学过程的组织是否合理以及师生互动是否良好等。例如，在教学目标达成方面，教师可以反思"我设定的教学目标是否过高或过低？学生是否真正理解和掌握了本节课的重点知识？"在教学内容处理上，思考"我是否对教学内容进行了合理的简化或拓展？是否突出了重点、突破了难点？"

2. 记录与总结

教师可以通过写教学反思日记的方式记录自己的反思内容。在日记中详细记录教学过程中的优点和不足，以及自己的改进措施。例如，"今天在讲解物理实验时，发现学生对实验步骤的理解不够清晰，可能是我在演示过程中没有足够强调关键环节。下次教学时，我要更加细致地讲解实验步骤，并且让学生自己先预测实验结果，增加他们对实验的关注度"。定期对教学反思日记进行总结，梳理出经常出现的问题和有效的解决策略，不断提升自己的教学水平。

（二）同行评议

1. 互评过程与方式

同行评议指教师之间相互听课、评课，对彼此的教学进行评价。互评过程一般包括听课、记录、讨论和反馈。在听课过程中，听课教师要认真观察教学过程的各个环节，记录教学中的亮点和不足之处。例如，记录教师在教学方法创新方面的做法，如采用了新颖的情境教学法来激发学生兴趣；同时记录存在的问题，如教学时间把控不当，导致练习环节仓促。课后，听课教师和授课教师进行讨论，分享彼此的观点和建议。反馈时要注意语言表达方式，以鼓励和建设性的意见为主，如"你在课堂导入环节采用的案例很新颖，很吸引学生，但是在新授环节，对于一些复杂概念的讲解可以再放慢些速度"。

2. 作用与价值

同行评议有助于教师从不同的角度审视自己的教学，吸收他人的经验和智慧。不同教师有不同的教学风格和教学方法，通过相互学习，可以拓宽教师的教学思路，改进教学方法。同时，同行评议也能促进教师之间的专业交流和团队合作，营造良好的教学研究氛围。

第十三章　课堂教学研究

第一节　课堂教学研究的含义和类型

一、课堂教学研究的含义

课堂教学研究指对课堂教学过程中的各种现象、问题和规律进行系统的探究和分析，以提高教学质量、促进学生发展为目的的学术活动和实践探索。

课堂教学研究涵盖了教学的各个方面，包括教学目标的设定、教学内容的选择与组织、教学方法的运用、教学过程的实施、教学评价的开展等。它既关注教师的教，也关注学生的学，旨在寻找最有效的教学策略和方法，提升课堂教学的效率和效果。

例如，研究者可能会深入课堂观察教师的教学行为和学生的学习反应，分析教学中存在的问题，并提出改进建议；也可能通过问卷调查、访谈等方式了解学生的学习需求和教师的教学困惑，为教学改革提供依据。

二、课堂教学研究的类型

（一）基础理论研究

含义。主要是对课堂教学的基本概念、原理、规律等进行深入的理论探讨，为课堂教学实践提供理论支持。

举例。对教学模式的理论构建、学习理论在课堂教学中的应用等方面的研究。

（二）应用研究

含义。侧重于解决课堂教学中的实际问题，将理论应用于实践，探索有效的教学方法和策略。

举例。针对特定学科的教学方法改进研究、提高学生课堂参与度的策略研究等。

（三）行动研究

含义。教师在自己的课堂教学中，通过对教学问题的反思和探究，采取行动进行改进，并不断评估和调整行动效果的研究。

举例。一位语文教师发现学生阅读能力较弱，于是开展行动研究，尝试不同的阅读教学方法，观察学生的变化并进行调整。

（四）案例研究

含义。对特定的课堂教学案例进行深入分析，从中总结经验教训，为类似的教学情境提供借鉴。

举例。对一节优秀的公开课进行案例分析，探讨其成功之处和可推广的教学策略。

第二节 课堂教学研究的范式

一、实证主义范式

（一）特点

强调客观性和可重复性，通过观察、实验、测量等方法收集数据，以验证假设和得出结论。此外，注重量化研究，运用统计分析等手段对数据进行处理和解释。

（二）方法

1. 实验研究

通过控制变量，对比实验组和对照组的教学效果，以确定某种教学方法或策略的有效性。

2. 问卷调查

设计问卷收集学生或教师的意见和态度等数据，进行量化分析。

（三）应用举例

研究某种新的教学方法对学生成绩的影响，通过实验对比使用新方法和传统方法的班级学生成绩差异。

二、解释主义范式

（一）特点

关注教学中的意义和理解，强调研究者对教学现象的主观解释和理解。此外，注重质性研究，通过访谈、观察、文本分析等方法收集和分析数据，深入了解教学情境中人的体验和意义建构。

（二）方法

1. 访谈研究

与教师、学生进行深入访谈，了解他们对教学的感受、期望和理解。

2. 课堂观察与记录

详细观察课堂教学过程，记录教师和学生的行为、语言和互动，从中分析教学的意义和价值。

（三）应用举例

研究教师在课堂教学中的角色认知，通过访谈教师了解他们对自己角色的理解和体验。

三、批判理论范式

（一）特点

强调对教学中的权力关系、社会不平等现象进行批判和反思，旨在促进社会公正和教育变革。此外，关注教学的社会政治背景，分析教学如何受到社会制度和文化的影响。

（二）方法

1. 文本分析

分析教育政策文件、教材等文本，揭示其中的意识形态和权力关系。

2. 行动研究与社会变革

教师和研究者共同合作，通过行动研究推动教学改革，促进社会公正。

（三）应用举例

分析教材中的性别偏见，提出改进教材编写和教学的建议，以促进性别平等教育。

第三节　课堂教学研究的主要方法

一、行动研究法

（一）定义与特点

1. 定义

行动研究法指教师在自己的教学实践中，为了解决实际问题，不断地进行实践、反思、调整的一种研究方法。它强调教师既是研究者，也是实践者。研究的问题来源于教师的课堂教学实际，研究的目的是改进教学实践。例如，教师发现学生在数学课堂上对几何证明题的学习积极性不高，则可以将这个问题作为研究课题，通过行动研究法来寻找解决办法。

2. 特点

行动研究具有情境性、合作性和反思性。情境性指研究紧密结合教学实际情境，针对特定课堂环境下的具体问题展开。合作性体现为教师可以与同事、专家等合作开展研究，共同解决问题。反思性指教师在研究过程中需要不断地反思自己的教学行为和实践效果，以便调整研究方向和教学策略。

（二）实施步骤

1. 问题发现与诊断

教师在日常教学过程中观察、分析教学现象，发现存在的问题。比如，在语文写作教学中，教师发现学生的作文内容空洞、缺乏细节描写。教师通过分析学生的作文、与学生交流等方式，确定问题产生的原因可能是学生观察能力不足、缺乏写作技巧指导等。

2. 制订计划

根据问题及原因，教师制订具体的研究计划。计划包括研究目标（如提高学生作文细节描写能力）、行动步骤（如开展专项写作技巧培训、组织观察活动等）、时间安排（如在一个学期内每周安排一次写作技巧讲解和练习）和预期效果（如学生作文在细节描写方面有明显进步）。

3. 行动实施

按照计划开展教学行动。在上述语文写作教学的例子中，教师可以在课堂上通过展示优秀范文，讲解细节描写的方法，如人物描写中的外貌、语言、动作、心理描写技巧，景物描写中的多角度观察和描写方法等。同时，组织学生进行实地观察活动，如观察校园的景色、校园内的人物活动等，然后让学生将观察到的内容运用到作文中。

4. 效果观察与反思

在行动过程中，教师观察学生的变化和教学效果。可通过分析学生的作文、课堂表现、学生反馈等方式评估效果。如果发现学生在细节描写方面有了一定进步，但还存在一些问题，如细节描写与主题关联性不强，教师需要反思行动过程，调整教学策略，如加强对细节描写与主题关系的指导，再次实施行动，不断循环这个过程，直到问题得到有效解决。

二、案例分析法

（一）定义与价值

1. 定义

案例分析法是通过对一个或多个典型教学案例进行深入剖析，揭示教学现象背后的规律和问题，从而为教学实践提供参考的研究方法。案例可以是成功的教学范例，也可以是存在问题的教学实例。例如，研究一位优秀教师的公开课案例，分析其教学方法、教学设计、师生互动等方面的成功之处，为其他教师提供借鉴。

2. 价值

案例分析法有助于教师从具体的教学实例中学习和理解教学理论，提高分析问题和解决问题的能力。它能够将抽象的教学理论与生动的教学实践相结合，使教师更直观地感受和把握教学规律。同时，通过对不同案例的分析，教师可以拓宽教学视野，了解多种教学策略和方法在不同情境下的应用效果。

（二）分析步骤

1. 案例选择

选择具有代表性、典型性的教学案例。可以从学校内部的公开课、优质课中选取，也可以从教育教学期刊、书籍、网络资源等渠道获取。例如，选择一节在全国范围内获得好评的高中物理实验课案例，这节课在实验设计、学生参与、知识传授等方面都有突出表现。

2. 资料收集与整理

收集与案例相关的各种资料，包括教学设计、教学课件、课堂录像、学生作业、教师反思等。对收集的资料进行梳理，明确案例的背景（如学校类型、学生水平、教学目标等）、过程（教学环节的具体实施情况）和结果（学生的学习效果、教师的教学评价等）。例如，在分析物理实验课案例时，收集实验器材清单、实验步骤说明、学生实验报告、课堂教学视频等资料，整理出这节课的教学目标是让学生通过实验探究掌握物理规律，教学过程包括实验导入、实验操作指导、学生分组实验、实验结果讨论等环节，学生的学习效果通过实验报告和课堂提问等方式进行了评估。

3. 案例分析

从多个角度对案例进行分析。可从教学目标、教学内容、教学方法、教学过程、师生互动等方面入手，分析案例的优点和不足。例如，在上述物理实验课案例中，分析其优点可能是实验设计巧妙，能够激发学生的好奇心和探究欲；教学方法灵活多样，既有教师的示范讲解，又有学生的自主实验和小组讨论；师生互动良好，教师能够及时解答学生的疑问，引导学生思考。不足之处可能是在实验时间把控上略有欠缺，导致部分学生没有足够的时间完成实验拓展部分。

4. 总结与应用

总结案例分析的结果，提炼出对教学实践有价值的经验和启示。将这些经验应用到自己的教学中，或者为教学改革提供参考建议。例如，从物理实验课案例分析中总结出实验设计要注重趣味性和启发性，在教学过程中要合理安排时间，保证学生有足够的时间进行实验和讨论等经验，在自己的物理实验课教学中加以应用，改进教学实践。

三、调查研究法

（一）定义与类型

1. 定义

调查研究法是通过对教学现象进行有目的、有计划的调查，收集相关资料，以了解教学现状、发现问题、探索规律的一种研究方法。它可以帮助教师全面了解学生的学习需求、态度、行为等方面的情况，为教学决策提供依据。例如，调查学生对某一学科的学习兴趣，了解不同性别、年级的学生在学习兴趣上的差异，为学科教学改革提供数据支持。

2. 类型

调查研究法主要包括问卷调查、访谈调查和观察调查。问卷调查是通过设计问卷，以书面形式向调查对象收集信息，具有效率高、样本量大的优点。访谈调查是研究者与调查对象面对面地交谈，获取详细、深入的信息，适用于研究复杂的教学问题。观察调查是研究者在自然状态下对教学现象进行观察记录，能够直观地了解教学实际情况。

（二）实施过程

1. 确定调查问题与对象

明确要研究的教学问题，如学生对在线学习的接受程度，然后确定调查对象，如某个年级的全体学生或特定班级的学生。例如，研究初中学生对数学线上辅导课程的满意度，调查对象就是初中各年级的学生。

2. 设计调查工具

根据调查问题和对象，设计合适的调查工具。如果是问卷调查，要设计合理的问卷内容，包括问题类型（选择题、填空题、简答题等）、问题顺序、语言表达等。例如，在数学线上辅导课程满意度调查中，问卷问题可以包括"你是否参加过数学线上辅导课程？"（选择题）、"你对数学线上辅导课程的教学内容满意度如何？"（选择题，从非常满意到非常不满意五个选项）、"你认为数学线上辅导课程需要改进的地方有哪些？"（简答题）。如果是访谈调查，要准备访谈提纲，列出访谈的主要问题和要点。观察调查则要确定观察的内容、范围和记录方式。

3. 实施调查

按照设计好的调查工具进行调查。对于问卷调查，要注意问卷的发放方式

（如线上问卷、纸质问卷）和回收情况，确保问卷的有效回收率。访谈调查要安排合适的时间和地点，与调查对象进行深入访谈，记录访谈内容。观察调查要在不干扰正常教学的情况下进行观察，及时、准确地记录观察到的现象。例如，在数学线上辅导课程满意度调查中，通过学校的在线学习平台发放问卷，定期回收问卷；对于访谈调查，选择在课余时间与学生进行"一对一"访谈，记录学生的回答；观察调查可以在学生参加线上辅导课程时，观察他们的学习行为、参与互动情况等，并做好记录。

4. 数据分析与结论

对收集到的调查数据进行分析。对于问卷调查数据，可以进行统计分析，如计算百分比、平均数等，以了解调查对象的总体情况和差异。访谈和观察调查的数据需要进行归纳、整理和分析，提炼出主题和观点。根据数据分析结果，得出调查结论，如发现学生对数学线上辅导课程的教学内容满意度较高，但对互动环节满意度较低，由此得出结论：需要加强线上辅导课程的互动设计。同时，根据结论提出改进教学的建议和措施。

第四节　课堂教学研究课题的选择与设计

一、课题选择的原则

（一）价值性原则

1. 教学实践价值

所选课题应能解决课堂教学中的实际问题，对教学实践具有直接的指导意义。例如，"如何提高学生在数学课堂上的解题效率"这一课题，针对数学教学中常见的学生解题速度慢、准确率低的问题展开研究，通过探索有效的教学策略和方法，如解题技巧训练、思维拓展练习等，能够直接应用于数学课堂教学，提高教学质量，帮助学生提升数学学习能力。

2. 理论发展价值

课题研究应有助于推动教学理论的发展和完善。像"基于建构主义理论的语文阅读教学模式创新研究"这样的课题，在将建构主义理论应用于语文阅读教学实践的过程中，不仅可以探索新的教学模式，如以学生自主构建阅读意义为核心的合作探究式阅读教学模式，还能通过实践检验和丰富建构主义教学理论，为教育理论界提供新的研究成果和实践案例，促进教育理论与实践的深度融合。

（二）可行性原则

1. 资源可获取性

考虑研究所需的人力、物力、财力等资源是否能够满足。例如，若开展"数字化教学资源在农村小学课堂教学中的应用研究"课题，需要确保农村小学具备基本的数字化教学设备，如电脑、投影仪等，并且教师能够熟练使用这些设备，同时，要有稳定的网络资源支持教学资源的下载和使用。若缺乏这些资源，课题研究将难以顺利开展。

2. 研究能力适配性

要根据研究者自身的知识水平、研究经验和能力来选择课题。对于初涉教学研究的教师，选择"小学低年级课堂纪律管理策略研究"这样相对简单、范围较小的课题较为合适，因为这类课题主要基于日常教学管理经验的总结和提炼，不需要复杂的研究方法和深厚的理论基础。而对于具有丰富研究经验和较高学术水平的教师，则可以挑战如"跨学科融合教学对学生综合素养提升的实证研究"这类涉及多学科知识、需要运用多种研究方法（如实验研究、调查研究等）进行深入探究的课题。

（三）创新性原则

1. 内容创新

课题研究内容应具有新颖性，能够在教学理念、教学方法、教学内容等方面有所突破。例如，"人工智能辅助下的个性化英语教学模式探索"这一课题，结合当下新兴的人工智能技术，探索如何根据学生的个性化学习需求，如学习进度、学习风格、知识薄弱点等，利用人工智能提供的智能辅导、个性化学习资源推荐等功能，构建全新的英语教学模式，打破传统英语教学的统一化、标准化模式，为英语教学改革注入新的活力。

2. 方法创新

在研究方法上可以创新，采用新的研究视角或手段。比如，"运用虚拟现实技术研究历史事件对学生历史认知的影响"课题，借助虚拟现实技术这一新兴的技术手段，让学生身临其境地感受历史事件发生的场景，通过观察学生在虚拟现实环境中的认知反应、情感体验等，从全新的角度研究历史教学中如何提升学生的历史认知水平，这种研究方法相较于传统的文献研究、课堂观察等方法具有独特的创新性。

二、课题设计的要素

（一）研究问题的界定

1. 明确核心问题

清晰准确地表述研究的核心问题。例如，在"提升学生科学实验探究能力的教学策略研究"课题中，核心问题就是"如何通过有效的教学策略提升学生的科学实验探究能力"，这一表述明确了研究的对象是学生的科学实验探究能力，研究的方向是探索提升该能力的教学策略，使研究者和读者都能迅速理解课题的主旨。

2. 分解子问题

将核心问题分解为若干个具体的子问题，便于深入研究。以"提升学生科学实验探究能力的教学策略研究"为例，子问题可以包括"哪些教学方法能够激发学生对科学实验的兴趣？""如何在实验教学中培养学生提出问题、作出假设的能力？""怎样设计实验教学环节以提高学生的实验操作技能和数据分析能力？"等，通过对子问题的研究，逐步构建起解决核心问题的完整体系。

（二）研究目标的确定

1. 总体目标设定

确定课题研究的总体目标，即期望通过研究达到的最终成果。例如，在"基于项目式学习的数学课程整合研究"课题中，总体目标可以设定为"构建一套基于项目式学习的数学课程整合体系，提高学生的数学应用能力、创新思维能力和团队协作能力，促进数学课程与其他学科课程的有机融合，提升数学教学的整体质量和效果"，这一总体目标明确了研究的方向和最终要达成的效果，为研究活动提供了宏观的指引。

2. 具体目标细化

将总体目标细化为具体的、可操作的目标。如上述课题的具体目标可以包括"开发出 5~10 个适合不同年级学生的数学项目式学习案例""制定项目式学习在数学教学中的实施流程和评价标准""通过实验研究，验证项目式学习对学生数学应用能力提升的有效性，使学生在数学应用能力测试中的平均成绩提高15%以上"等，这些具体目标使研究更具针对性和可衡量性，便于在研究过程中进行监控和评估。

（三）研究方法的选择

1. 方法适配性考量

根据课题的性质、研究问题和目标选择合适的研究方法。对于"不同教学风格对学生语文学习成绩影响的研究"课题，由于需要比较不同教学风格与学生学习成绩之间的关系，适合采用调查研究法和实验研究法。通过调查不同教师的教学风格特点以及其所教学生的语文学习成绩情况，然后选取具有代表性的教学风格进行实验研究，将学生分为实验组和对照组，分别采用不同教学风格进行教学，一段时间后对比两组学生的学习成绩，从而得出关于教学风格对学生语文学习成绩影响的结论。

2. 方法组合运用

在一些复杂的课题研究中，往往需要综合运用多种研究方法。例如，在"信息技术与美术课程深度融合的实践研究"课题中，可以先采用文献研究法，梳理国内外关于信息技术与美术课程融合的研究现状和理论基础；然后运用行动研究法，在美术课堂教学实践中不断探索信息技术与美术教学的融合方式、教学策略等，并及时反思和调整；最后通过案例分析法，对典型的信息技术与美术课程融合的教学案例进行深入剖析，总结成功经验和存在的问题，提出改进建议。这样多种研究方法相互配合，能够更全面、深入地完成课题研究任务。

第十四章 课堂教学未来的展望

第一节 课堂教学的家庭化或社区化合作模式

一、家庭化或社区化合作模式的含义

课堂教学的家庭化或社区化合作模式指将课堂教学与家庭、社区资源紧密结合，形成教育合力，共同促进学生成长和发展的教学模式。在这种模式下，家庭和社区不再是教育的旁观者，而是积极参与到课堂教学中来，与学校共同承担教育责任。

例如，学校可以邀请家长参与课堂教学活动，如家长进课堂讲授职业知识、生活经验等；也可以与社区合作，利用社区的文化资源、实践基地等开展教学活动，如组织学生参观社区博物馆、参与社区志愿服务等。

二、家庭化或社区化合作模式的特点

教育资源的多元化家庭和社区拥有丰富的教育资源，如家长的职业经验、社区的文化设施等。通过合作，可以将这些资源引入课堂教学，丰富教学内容，拓宽学生的视野。例如，一位医生家长可以为学生讲解医学知识和健康生活方式；社区的图书馆可以为学生提供课外阅读资源。

教育环境的开放性打破了传统课堂教学的封闭性，将教学活动延伸到家庭和社区，使学生在更加开放的环境中学习。学生可以在真实的生活场景中学习知

识、锻炼能力，提高综合素质。比如，学生在社区参与环保活动，不仅可以学到环保知识，还能培养社会责任感和实践能力。

教育主体的协同性家庭、社区和学校共同成为教育的主体，三方协同合作，共同制定教育目标、设计教学活动、评价学生学习成果。这种协同性可以充分发挥各自的优势，提高教育的效果。例如，学校、家庭和社区共同组织学生的社会实践活动，学校负责活动的策划和组织，家庭提供支持和配合，社区提供实践场地和资源。

三、家庭化或社区化合作模式的实施策略

（一）建立合作机制

学校要与家庭、社区建立良好的合作关系，制定合作章程和制度，明确各方的权利和义务。可以成立家长委员会、社区教育委员会等组织，定期召开会议，共同商讨教育问题。例如，学校与家长委员会共同制定家长参与课堂教学的活动方案，明确家长的职责和参与方式。

（二）整合教育资源

学校要充分挖掘家庭和社区的教育资源，进行整合和利用。可以建立资源库，将家长的职业资源、社区的文化资源等进行分类整理，为教学活动提供支持。比如，学校将家长的职业信息整理成资源库，教师在教学中可以根据需要邀请相关家长进课堂讲授职业知识。

（三）开展多样化的合作活动

学校可以组织开展丰富多彩的合作活动，如家长进课堂、社区实践活动、亲子活动等。这些活动可以增进家庭、社区与学校之间的沟通和交流，提高学生的学习兴趣和参与度。例如，学校组织学生和家长一起参加社区的文化活动，如传统节日庆祝活动、艺术展览等，既丰富了学生的课余生活，又增进了亲子关系和社区凝聚力。

第二节 课堂教学的小班化模式

一、小班化模式的含义

课堂教学的小班化模式指在班级规模较小的情况下进行教学活动的模式。一般来说，小班的学生人数通常在 20 人左右或更少。在小班化教学中，教师可以更加关注每个学生的个性特点和学习需求，实施个性化教学，提高教学质量。

例如，在一个 20 人的小班中，教师可以更容易地了解每个学生的学习情况，针对学生的问题进行个别辅导，为学生提供更多的参与课堂活动的机会。

二、小班化模式的特点

（一）个性化教学

小班化教学有利于教师实施个性化教学。教师可以根据每个学生的学习能力、兴趣爱好、学习风格等特点，制订个性化的教学计划，满足学生的不同需求。例如，教师可以为学习困难的学生提供额外的辅导，为学有余力的学生提供拓展性的学习任务。

（二）师生互动频繁

在小班中，师生比例相对较高，教师可以有更多的时间和机会与学生进行互动。这种频繁的互动能增强师生之间的感情，提高学生的学习积极性和参与度。比如，教师可以在课堂上更多地提问学生，组织小组讨论和合作学习活动，让每个学生都有机会表达自己的观点和想法。

（三）教学质量高

小班化教学可以提高教学质量。由于班级规模较小，教师可以更加关注每个学生的学习情况，及时发现问题并进行针对性的指导。同时，学生可以得到更多的教师关注和指导，学习效果会更好。例如，在小班化的英语课堂上，教师可以更容易地纠正每个学生的发音错误，提高学生的口语表达能力。

三、小班化模式的实施策略

（一）优化教学方法

教师要根据小班化教学的特点，优化教学方法。可以采用小组合作学习、探究式学习、个性化辅导等方法，满足学生的不同学习需求。例如，教师可以将学生分成小组，让学生在小组中合作完成学习任务，培养学生的合作能力和创新思维。

（二）营造良好的教学环境

小班化教学需要营造良好的教学环境。教师可以通过布置教室、创设教学情境等方式，营造温馨、舒适、富有活力的教学氛围，激发学生的学习兴趣。比如，教师可以在教室里设置图书角、展示区等，让学生在良好的环境中学习。

（三）加强教师培训

小班化教学对教师的要求更高，学校要加强教师培训，提高教师的教学能力和专业素养。可以组织教师参加小班化教学培训、教学观摩等活动，让教师学习先进的教学理念和方法。例如，学校可以邀请专家为教师进行小班化教学的专题讲座，分享小班化教学的经验和案例。

第三节 课堂教学的线上模式

一、直播教学模式

（一）实时互动性强

直播教学模式允许教师和学生在特定时间内进行实时的教学互动。教师通过直播平台展示教学内容，如讲解 PPT、演示实验过程（借助虚拟实验软件或真实实验设备与摄像头配合）、书写板书（利用电子白板功能）等，学生可以在自己的终端设备上实时观看，并通过文字聊天、语音连麦、举手提问等功能与教师进行互动。例如，在数学直播课堂上，教师讲解一道复杂的几何证明题时，学生可随时举手请求连麦，向教师提出自己的疑惑，且教师能够立即给予解答，这种实时互动就像在传统课堂中面对面交流一样，能够及时解决学生的问题，提高学习效率。

（二）教学场景还原度较高

它在一定程度上能够还原传统课堂的教学场景。教师可以按照传统的教学流程，如导入、讲解、练习、总结等环节进行教学。以英语直播课为例，教师在导入环节可以播放一段英语短视频或展示一些英语图片来吸引学生的注意力，然后进入新授环节，系统地讲解英语语法知识或词汇用法，并安排学生进行在线练习，如在平台上完成一些选择题、填空题或写作练习，最后进行课堂总结，回顾本节课的重点知识。同时，教师可以通过摄像头观察学生的表情和状态，就像在传统课堂中扫视学生一样，以便调整教学节奏和方法。

二、录播教学模式

（一）学习时间灵活

录播教学模式的最大优势在于学生可以根据自己的时间安排自主学习。教师提前将教学内容录制好并上传至学习平台，学生可以在任何有网络的时间和地点进行学习。比如，一些在职人员参加的线上职业培训课程，他们白天工作繁忙，可以在晚上或周末等空闲时间观看录播课程。又比如，一些偏远地区网络不稳定的学生，他们可以在网络信号较好的时候将课程下载下来，然后在合适的时间离线观看，不受直播时间的限制，使学习更加便捷。

（二）可反复观看学习

学生对于难以理解的知识点可以反复观看录播视频。例如，在物理录播课程中，对于一些抽象的物理概念，如电磁感应现象，如果学生在初次观看时没有理解透彻，他们可以多次观看教师对该概念的讲解部分，甚至可以倒退、暂停视频，仔细思考和做笔记。这种反复观看的功能有助于学生加深对知识的理解和掌握，弥补了直播教学中可能因一时走神而错过知识点讲解的不足，提高了学习效果。

三、在线讨论教学模式

（一）促进学生思维碰撞

在线讨论教学模式为学生提供了一个广阔的交流平台。教师在学习平台上发布讨论主题，如在历史课程中发布"秦始皇统一六国的历史意义和影响"的讨论主题，学生可以围绕这个主题发表自己的观点、见解，并阅读和回复其他同学的留言。不同学生的知识背景、思维方式不同，他们的观点也会各异，在讨论过程中会产生思维的碰撞。例如，有的学生可能从政治统一的角度分析秦始皇的功绩，有的学生可能从文化融合的角度进行阐述。通过相互交流和辩论，学生能够从多个维度深入理解历史事件，拓宽自己的思维视野。

（二）培养学生合作交流能力

在线讨论中，学生需要学会倾听他人的意见，组织自己的语言进行表达，并且与其他同学进行合作交流以达成共识或进一步深入探讨问题。以小组讨论的形式为例，在一个关于环境保护的在线讨论课程中，教师将学生分成若干小组，每个小组负责讨论一个具体的环保方案，如城市垃圾分类的优化方案。小组成员需要分工合作，有的负责收集资料，有的负责整理思路，有的负责撰写讨论报告，在这个过程中，学生的合作交流能力既得到了很好的锻炼，同时又增强了团队意识和责任感。

四、线上混合教学模式

（一）整合多种教学优势

线上混合教学模式将直播教学、录播教学、在线讨论等多种线上教学方式有机结合起来。例如，在一门大学计算机课程中，首先教师可以通过录播课程让学生自主学习一些基础知识，如计算机编程语言的基本语法结构等，学生在观看录播课程过程中若遇到问题，可以在专门的讨论区进行提问和交流。其次教师定期开展直播课程，在直播课上对学生在录播学习和讨论中普遍存在的问题进行集中讲解，同时进行一些实践操作演示，如编程代码的调试过程等，并布置相关的实践作业。最后学生完成作业后将作业成果上传至平台，教师和同学之间可以进行在线评价及反馈，这种多种教学方式的结合，充分发挥了各自的优势，提高了教学的整体质量。

（二）满足多样化学习需求

不同的学生有不同的学习风格和学习需求，线上混合教学模式能够较好地满足这种多样性。对于喜欢自主学习、自我探索的学生，录播教学部分可以让他们按照自己的节奏深入学习；对于需要更多互动交流和教师实时指导的学生，直播教学和在线讨论环节能够满足他们的需求。例如，在艺术设计线上课程中，有一定基础且创意较强的学生可以通过录播课程学习新的设计软件工具和技巧，然后在在线讨论中与其他同学分享自己的创意灵感，而基础较薄弱的学生可以在直播课程中得到教师更多的手把手指导，如绘画基础技巧的训练等，从而使每个学生都能在课程中有所收获，提高自己的学习效果。

第四节　课堂教学的线上线下的混合模式

一、线上线下混合教学模式的特点

（一）教学资源多元化

线上线下混合教学模式整合了线上丰富的数字资源和线下传统的教学资源。线上资源包括各类教学视频、电子课件、在线题库、虚拟实验室等，这些资源不受时间和空间限制，学生可以随时随地获取。例如，在物理学科的学习中，学生可以通过线上虚拟实验室模拟各种物理实验，观察实验现象，加深对物理原理的理解。线下资源有教材、教具、实验室设备以及教师的面对面指导等。教师在课堂上可以利用教材进行系统讲解，结合教具进行直观演示，如在数学课堂上使用几何模型讲解立体几何知识。这种多元化的资源整合，为学生提供了更丰富的学习材料，拓宽了学生的学习渠道。

（二）学习时空灵活性

该模式打破了传统教学在时间和空间上的限制。线上学习部分允许学生在任何有网络连接的地方、在自己合适的时间进行学习。比如，学生可以在课余时间在家中观看线上课程视频，完成在线作业或参与讨论。线下学习指在学校或指定的教学场所进行集中授课、实践操作和小组活动等。例如，在计算机编程课程中，线上学生可以自主学习编程语法和算法知识，线下在实验室中进行实际的编程项目开发，在教师和同学的帮助下解决实际遇到的问题。这种灵活性使学生能够更好地根据自己的学习节奏和生活安排来规划学习，提高学习效率。

（三）教学互动立体化

线上线下混合教学模式实现了多种互动方式的结合，形成了立体化的教学互动。线上互动包括学生与学习平台的互动，如完成平台上的测试、提交作业、查询学习进度等；学生与教师的互动，如通过在线聊天、视频会议等方式提问、接受辅导；学生与学生之间的互动，如在讨论区交流学习心得、合作完成项目等。线下互动主要是师生之间在课堂上的面对面交流、小组讨论以及学生之间的实践操作协作等。例如，在英语课程中，线上学生可以在讨论区分享英语学习资料和学习经验，线下课堂上，教师组织学生进行英语对话练习、角色扮演等活动，并且在活动过程中给予现场指导和反馈，这种全方位的互动有助于提高学生的学习积极性和参与度，促进知识的有效传递和吸收。

二、线上线下混合教学模式的实施步骤

（一）线上预习与准备

1. 教师任务

教师在课前将预习资料上传至线上学习平台，预习资料可以包括教学视频、电子文档、预习测试题等。例如，在语文课程中，教师上传一段关于即将学习课文的背景介绍视频和一些与课文相关的文学常识文档，同时设置一些简单的预习测试题，如字词理解、文章大意概括等，让学生对课文有初步的了解，为线下课堂学习做好准备。教师可以通过线上平台发布讨论话题，如在历史课上发布"你对即将学习的历史时期有哪些初步认识？"的话题，引导学生进行思考和交流，激发学生的学习兴趣。

2. 学生任务

学生在课前登录平台，观看预习资料，完成预习测试题，并参与线上讨论。学生在观看语文预习视频时，可以记录下自己的疑问和思考，在完成预习测试题后，查看答案解析，了解自己对知识的掌握情况。对于历史课的讨论话题，学生可以查阅相关资料，发表自己的观点，同时阅读其他同学的留言，拓宽自己的视野，形成对历史时期的初步认知框架。

（二）线下课堂教学与深化

1. 知识讲解与互动

线下课堂上，教师首先对线上预习内容进行总结和答疑，针对学生在预习过程中普遍存在的问题进行详细讲解。例如，在数学课程中，如果很多学生在预习函数概念时存在理解困难，教师可通过更多的实例、图形演示等方式进行深入讲

解，引导学生理解函数的定义域、值域、对应关系等核心概念。其次，教师开展课堂互动活动，如小组讨论、课堂演讲等。在政治课上，教师组织学生分组讨论社会热点问题，并要求每组派代表进行课堂演讲，阐述小组的观点和论据，教师在这个过程中进行引导和点评，促进学生对知识的深入理解和思维能力的培养。

2. 实践操作与反馈

对于一些需要实践操作的课程，线下课堂提供了良好的环境。在科学实验课上，学生在教师的指导下进行实验操作，亲身体验科学探究的过程。教师在学生操作过程中给予及时的反馈和指导，纠正学生的错误操作，帮助学生掌握实验技能和科学方法。例如，在化学实验课中，学生进行酸碱中和反应实验时，教师观察学生的实验步骤、试剂取用、数据记录等环节，对学生的操作进行规范和优化，确保学生能够顺利完成实验并得出正确的结论。

（三）线上复习与拓展

1. 复习巩固

课后，学生通过线上平台进行复习。平台上可以提供课堂教学视频的回放，方便学生回顾教师的讲解内容。同时，还有课后作业、在线测试等复习资源。例如，在物理课程中，学生观看课堂上关于牛顿运动定律的讲解视频回放，完成教师布置的课后作业，作业包括计算题、简答题等，通过作业巩固所学的定律公式和应用方法。学生完成作业后提交到平台，平台自动批改部分客观题，并提供答案解析，学生可以根据解析进行自我纠错和反思。

2. 拓展学习

线上平台还为学生提供了拓展学习的资源和机会。教师可以推荐相关的拓展阅读材料、在线课程、学术讲座等。在英语课程中，教师推荐一些英语原声电影、英文小说、英语学习网站等拓展资源，学生可以根据自己的兴趣和需求进行选择学习，拓宽自己的英语知识面，提高英语综合应用能力。同时，学生可以通过线上平台与其他同学进行学习交流，分享拓展学习的心得和体会，形成良好的学习氛围。

第十五章　AI 与生物学科教学的融合基础

第一节　AI 技术的发展概述及其在教育领域的渗透

一、AI 技术的主要分支与核心算法

(一) 机器学习

机器学习是 AI 的关键领域之一，它使计算机能够自动从数据中学习模式和规律，而无需明确的编程指令。其中，监督学习通过使用标记的训练数据来构建预测模型，如在生物学科的图像识别应用中，可用于识别细胞的形态、组织切片的特征等，帮助学生更直观地理解微观生物结构。常见的算法包括线性回归、逻辑回归、决策树、支持向量机等，这些算法在预测疾病发展趋势、分析生物实验数据等方面具有重要作用。无监督学习则专注于发现数据中的隐藏模式和结构，如聚类算法可用于对生物物种进行分类、对基因序列进行分组，揭示生物数据中的内在联系。深度学习作为机器学习的一个重要分支，基于人工神经网络，特别是深度神经网络，能够自动提取数据的高级特征，在语音识别、图像生成等领域取得了显著成果，如通过深度学习模型可以将生物实验的过程转化为生动的动画演示，加深学生对复杂实验原理的理解。

（二）自然语言处理

自然语言处理旨在使计算机能够理解、生成和交互人类语言。在生物学科教学中，它可用于开发智能辅导系统，能够回答学生关于生物知识的各种问题，无论是基础概念还是复杂的研究热点问题，如基因编辑技术的原理和应用前景等，都能为学生提供详细准确的解答。核心技术包括词法分析、句法分析、语义理解和文本生成等。例如，通过词法分析将生物学术语进行准确识别和分类，句法分析构建句子的结构，从而实现对复杂生物文献的精准解读，帮助学生快速掌握文献中的关键信息，提升阅读和研究能力。同时，利用文本生成技术可以自动生成生物学科的练习题、实验报告模板等教学资源，减轻教师的工作负担，提高教学效率和资源质量。

（三）计算机视觉

计算机视觉专注于让计算机理解和解释图像和视频信息。在生物教学场景下，可用于生物标本的识别与分类，通过图像识别技术快速准确地确定生物标本的种类、特征等信息，为学生提供直观的学习体验，如在野外生物考察中，学生可以使用手机应用拍照识别未知的植物或动物。在实验教学中，计算机视觉可以实时监测实验操作过程，如在化学实验中检测溶液颜色变化、沉淀生成等现象，确保实验的准确性和安全性，同时可以对学生的实验操作规范进行评估和指导，帮助学生提高实验技能。其核心算法包括目标检测、图像分割、特征提取等，这些算法不断演进，使计算机视觉在生物学科教学中的应用更加精准和广泛，为学生创造了更加丰富和真实的学习情境。

（四）专家系统

专家系统模拟人类专家的知识和经验，用于解决特定领域的复杂问题。在生物学科中，如构建药物研发的专家系统，它可以整合药物化学、药理学、毒理学等多方面的知识和规则，为学生提供药物研发流程的模拟和指导，从药物靶点的确定、先导化合物的筛选到药物的优化设计，让学生了解实际的药物研发过程，培养学生的科研思维和实践能力。专家系统的核心在于知识库的构建和推理机制的设计，通过收集和整理生物领域专家的知识和经验，将其转化为计算机可理解的规则和知识表示形式，然后利用推理引擎根据给定的问题进行推理和求解，为学生提供专业、可靠的解决方案和建议，在生物工程的工艺流程优化、生物科学的实验方案设计等方面具有重要的应用价值。

二、AI 在教育中的应用现状与发展趋势

（一）应用现状

目前，AI 在教育领域的应用已经取得了一定的成果，涵盖了多个方面。在教学辅助方面，智能辅导系统被广泛应用，能够根据学生的学习情况提供个性化的学习路径和辅导内容，如自适应学习平台可以根据学生的答题情况自动调整后续的学习任务和难度，帮助学生巩固知识、弥补不足。在线教育平台借助AI 技术实现了教学资源的精准推荐，通过分析学生的学习历史、兴趣爱好和学习目标，为学生推荐合适的课程、视频、文章等学习资源，提高学习效率。在教育管理方面，AI 技术用于学生成绩分析、学习行为监测等，学校可以通过数据分析了解学生的学习状态和趋势，及时发现学习困难的学生并给予支持，同时可以评估教师的教学效果，为教学改进提供依据。然而，当前 AI 教育应用也存在一些问题，如部分产品的智能化程度不够高，无法真正满足学生的多样化需求；数据隐私和安全问题尚未得到充分保障，存在学生信息泄露的风险等。

（二）发展趋势

未来，AI 在教育中的应用将呈现出更加多样化和深入化的趋势。随着技术的不断进步，AI 将与虚拟现实（VR）、增强现实（AR）等技术深度融合，创造出更加沉浸式的学习环境，让学生身临其境地感受生物学科中的微观世界、生态系统等场景，增强学习的趣味性和互动性。例如，学生可以通过VR 设备进入虚拟的细胞内部，观察细胞器的结构和功能，或者在虚拟的生物工厂中参与实际的生产过程，提升实践能力。AI 还将在教育评价领域发挥更大的作用，实现更加全面、客观、精准的评价方式，不仅关注学生的知识掌握程度，还将注重学生的思维能力、创新能力、情感态度等综合素质的评价，通过多维度的数据收集和分析，为每个学生绘制详细的学习画像，为个性化教育提供有力支持。此外，AI 教育应用的普及程度将不断提高，从发达地区向欠发达地区扩展，让更多的学生受益于 AI 技术带来的优质教育资源，促进教育公平的实现，同时将推动教育模式的变革和创新，培养适应未来社会发展的创新型人才。

第二节 生物制药、生物工程、生物科学学科特点与教学需求分析

一、生物制药学科的知识体系与实践技能要求

（一）知识体系

生物制药学科融合了生物学、化学、医学、药学等多学科知识，具有高度的综合性和交叉性，其核心知识包括：药物化学，涉及药物分子的设计、合成与修饰，学生需要掌握各类药物分子的结构、性质和反应机理，例如，理解抗生素的化学结构与抗菌活性之间的关系；药理学知识，要求学生了解药物在体内的作用机制、药代动力学过程以及药物的不良反应等，如掌握降压药的作用靶点和药物在体内的代谢途径；生物技术方面，涵盖基因工程、细胞工程、蛋白质工程等现代生物技术在药物研发中的应用，像利用基因编辑技术开发新型生物药物；制药工艺学、药物分析学等知识，用于药物的生产工艺设计、质量控制与检测等环节，确保药物的安全性和有效性，如掌握高效液相色谱法在药物纯度检测中的应用原理和操作方法。

（二）实践技能要求

在实践技能方面，生物制药学科要求学生具备扎实的实验操作能力。

首先，在药物合成实验中，学生要熟练掌握有机合成的基本操作技能，如使用各类化学反应仪器进行加热、搅拌、蒸馏、萃取等操作，准确控制反应条件，合成目标药物分子，并能对产物进行分离、纯化和鉴定，确保药物的纯度和质量符合要求。

其次，在细胞培养和发酵工程实验中，学生需要学会无菌操作技术，能够熟练地进行细胞的复苏、传代培养以及微生物的发酵培养，掌握生物反应器的操作方法，监控发酵过程中的参数变化，如温度、pH 值、溶氧浓度等，并能根据实验结果进行数据分析和工艺优化，提高药物的产量和质量。

最后，学生应具备一定的药物分析技能，能够运用各种分析仪器，如质谱

仪、核磁共振仪等，对药物的成分、结构和纯度进行准确分析，以及掌握药物制剂的制备技术，如片剂、胶囊剂、注射剂等的制备工艺，了解药物剂型对药物疗效的影响，为今后从事生物制药的研发、生产和质量控制等工作奠定坚实的基础。

二、生物工程学科的综合性与工程实践导向

（一）综合性

生物工程学科是一门综合性很强的学科，它整合了生物学、化学、工程学、数学等多个学科领域的知识和技术。在生物反应工程中，学生需要运用生物学原理理解微生物或细胞的生长代谢规律，同时结合化学工程的知识，设计合理的生物反应器，掌握流体力学、传热传质等工程原理，确保生物反应在最佳条件下进行，如在发酵过程中，如何通过优化反应器的结构和操作条件，提高底物转化率和产物生成速率。在生物分离工程方面，涉及物理、化学和生物学的多种分离技术，如离心分离、过滤、层析、膜分离等，学生需要了解不同分离技术的原理和适用范围，根据生物产品的特性选择合适的分离方法，并能将这些技术组合应用，实现生物产品的高效分离和纯化，如从发酵液中提取和纯化蛋白质类药物。此外，生物工程还与计算机科学、自动化技术等密切相关，通过计算机模拟和自动化控制技术，实现生物工程生产过程的优化和智能化管理，提高生产效率和产品质量，体现了生物工程学科知识的高度综合性和跨学科性。

（二）工程实践导向

生物工程学科具有很强的工程实践导向，强调学生的实际操作能力和工程应用能力。学生需要参与实际的工程项目，从项目的规划、设计、实施到运行管理，都要有深入的了解和实践经验。例如，在生物制药工程实践中，学生要参与药物生产车间的设计和建设，包括工艺流程的布局、设备的选型与安装调试等环节，确保生产过程符合GMP（药品生产质量管理规范）要求。同时，要对生产过程中的质量控制、成本核算、环境保护等方面进行综合考虑和管理。在生物能源工程领域，学生需要参与生物燃料的生产实践项目，从原料的预处理、发酵转化到产品的精制和储存，都要亲自动手操作和优化，以解决实际生产中遇到的技术难题，如提高生物质的转化效率、降低生产成本等问题。通过这些实践活动，培养学生的工程思维、创新能力和解决实际问题的能力，使学生能够适应未来生

物工程行业的实际工作需求，成为具有扎实专业知识和丰富实践经验的工程技术人才。

三、生物科学学科的基础理论与探究性学习需求

（一）基础理论

生物科学学科侧重于研究生命现象的本质和规律，其基础理论知识涵盖了细胞生物学、分子生物学、遗传学、生态学、进化生物学等多个领域。在细胞生物学中，学生需要掌握细胞的结构与功能、细胞的物质运输、能量转换、信号传导等基本原理，了解细胞的生命周期和分化发育过程，如理解线粒体在细胞能量代谢中的作用机制，以及干细胞的分化潜能和调控机制等；分子生物学方面，涉及核酸、蛋白质等生物大分子的结构与功能、基因表达与调控、DNA 重组技术等核心知识，如掌握基因转录和翻译的过程以及基因编辑技术的原理和应用；遗传学研究遗传信息的传递、变异和遗传规律，学生要学习孟德尔遗传定律、染色体遗传理论、基因工程在遗传育种中的应用等内容；生态学关注生物与环境之间的相互关系，包括生态系统的结构与功能、生物多样性保护、生态平衡维持等知识，如了解热带雨林生态系统的物种组成和能量流动规律；进化生物学探讨生物的起源、进化历程和进化机制，让学生理解自然选择、物种形成等重要概念，如通过化石证据和分子生物学手段研究生物的进化关系。这些基础理论知识为学生深入了解生命现象提供了坚实的框架，也是进一步开展生物科学研究和应用的基石。

（二）探究性学习需求

生物科学学科注重培养学生的探究性学习能力，因为生命科学领域存在着众多未知的问题和奥秘，需要学生通过自主探究去发现和解决。在课堂教学中，教师应引导学生提出问题、作出假设、设计实验、收集和分析数据，并得出结论，以培养学生的科学思维和研究方法。例如，在研究某种植物对环境胁迫的响应机制时，学生可以自主设计实验，设置不同的环境胁迫条件，如干旱、高温、盐碱等，观察植物的形态、生理生化指标的变化，通过分子生物学技术分析相关基因的表达情况，从而探究植物适应环境胁迫的分子机制。在课外学习中，学生可以参与科研项目、参加生物科学竞赛、开展野外考察等活动，进一步拓展探究性学习的空间和深度。例如，参与大学生创新创业训练计划项目，研究当地生物多样

性的保护与利用问题，通过实地调查、数据分析和文献查阅等方法，提出切实可行的保护方案和开发建议，培养学生的创新精神和实践能力，提高学生的综合素质和科学素养，使学生能够在未来的学习和工作中独立开展生物科学研究和应用，为生命科学的发展做出贡献。

第三节　AI 与生物学科教学融合的理论基础

一、建构主义学习理论视角下的 AI 辅助教学

（一）知识建构的情境性与 AI 营造的学习情境

建构主义学习理论强调知识是学生在一定的情境下，借助他人的帮助，通过意义建构的方式获得的。在生物学科教学中，AI 技术可以营造出丰富多样的学习情境，帮助学生更好地建构知识。例如，利用虚拟现实（VR）和增强现实（AR）技术，AI 可以创建出逼真的生物细胞内部结构、生态系统场景或生物工程生产流程等虚拟环境，让学生身临其境地观察和操作，使抽象的知识变得更加具体、直观。在学习细胞呼吸过程时，学生可以通过 VR 设备进入虚拟的细胞内部，亲眼看到线粒体中物质和能量的转换过程，感受不同呼吸阶段的变化。这种情境化的学习体验有助于学生深刻理解细胞呼吸的原理和机制，而不是仅仅死记硬背书本上的文字描述。同时，AI 还可以根据学生的学习进度和需求，动态调整学习情境的难度和复杂度，为每个学生提供个性化的知识建构环境，以满足不同学生的学习水平和兴趣爱好，促进学生在原有知识基础上主动地构建新的知识体系。

（二）协作学习与 AI 支持的互动平台

建构主义认为学习是一个协作的过程，学生通过与他人的交流、讨论和合作，可以进一步深化对知识的理解和应用。AI 支持的互动学习平台为学生提供了便捷的协作学习空间。例如，在线学习社区中，学生可以围绕生物学科的某个知识点或研究问题展开讨论，分享自己的观点、实验结果和学习心得。AI 系统可以对学生的讨论内容进行分析和总结，提取出关键信息和有价值的观点，推荐

给其他学生，从而促进知识的共享和交流。同时，AI 可以根据学生的兴趣和能力，自动分组进行小组项目学习，如在生物制药课程中，让学生分组完成一个虚拟的药物研发项目，小组成员通过 AI 平台进行分工协作，共同完成药物靶点的确定、药物设计、合成路线规划等任务，在协作过程中，学生相互学习、相互启发，共同解决遇到的问题，提高团队协作能力和解决实际问题的能力。此外，AI 互动平台可以记录学生的协作过程和学习轨迹，为教师提供详细的教学反馈，帮助教师了解学生的学习情况和协作效果，及时调整教学策略，进一步优化教学过程，促进学生的知识建构和能力发展。

二、情境认知理论与 AI 营造的生物学科学习情境

（一）情境化学习与知识的迁移应用

情境认知理论认为，知识是在特定的情境中产生和应用的，学生只有在真实或模拟的情境中学习知识，才能更好地理解知识的意义和价值，并将其迁移到实际的生活和工作中。在生物学科教学中，AI 技术能够创建高度情境化的学习环境，有效地促进知识的迁移应用。例如，通过模拟真实的生物制药实验室环境，学生可以在虚拟实验室中进行药物合成、分析检测等实验操作，熟悉实验仪器的使用方法、实验流程和操作规范，当学生在未来进入实际的实验室工作时，他们能够更快地适应实际工作环境，将在虚拟实验室中所学的知识和技能顺利地迁移到实际操作中，减少错误和失误，提高工作效率。同样，在生物科学的野外考察教学中，利用 AI 技术提供的地理信息系统（GIS）和智能识别工具，当学生在野外实地考察时，能快速识别植物和动物物种，记录生态环境数据，并通过与数据库中的信息进行对比分析，了解生物与环境之间的相互关系，这种在真实情境中学习和应用知识的方式，有助于学生建立起知识与实际情境的紧密联系，提高学生对知识的理解和应用能力，培养学生的实践能力和解决实际问题的能力，能够更好地应对现实生活中的各种生物学科相关问题。

（二）认知学徒制与 AI 导师的角色

情境认知理论中的认知学徒制强调通过真实的情境和实践活动，让学生在专家的指导下逐渐掌握知识和技能，就像传统学徒在师傅的带领下学习手艺一样。在 AI 与生物学科教学融合的过程中，AI 可以扮演认知学徒制中的导师角色。AI 导师能够根据学生的学习情况和行为表现，实时提供针对性的指导和反馈，就像

师傅在旁边观察学徒的操作并及时给予纠正和建议一样。例如，在学生进行生物实验设计时，AI导师可以分析学生的实验方案，指出其中的不足之处，如实验变量设置不合理、样本量过小、实验步骤不完整等，并提供改进的建议和参考案例，帮助学生完善实验设计。同时，AI导师还可以通过模拟实验结果，让学生提前了解不同实验方案可能产生的结果，引导学生进行思考和优化，培养学生的科学思维和实验设计能力。此外，AI导师还可以为学生提供学习资源推荐、学习进度跟踪和学习目标设定等支持服务，帮助学生制订个性化的学习计划，引导学生逐步掌握生物学科的知识和技能，在类似于认知学徒制的学习过程中，提高学生的学习效果和专业素养。

三、多元智能理论在 AI 赋能生物教学中的体现

（一）智能的多样性与 AI 支持的个性化学习

多元智能理论指出，学生拥有多种智能类型，如语言智能、逻辑数学智能、空间智能、身体运动智能、音乐智能、人际智能、内省智能和自然观察智能等，且这些智能在不同个体中存在差异。在生物教学中，AI 能够通过对学生学习数据的分析，精准识别每个学生的智能优势和劣势，从而为其提供个性化的学习路径和资源。

对于语言智能较强的学生，AI 可以推荐丰富的生物学科科普书籍、学术论文以及在线讲座视频等文字和语言类学习材料，同时提供写作任务，如撰写生物实验报告、生物科普文章等，以锻炼他们的语言表达和知识整合能力。针对逻辑数学智能突出的学生，AI 能够推送基于数学模型的生物现象模拟软件、生物统计分析案例以及复杂生物问题的逻辑推理练习题，鼓励他们运用数学方法解决生物学科中的定量问题，如通过计算遗传概率、分析生态系统中的能量流动数据等方式，深化对生物知识的理解。

在空间智能方面，AI 可以利用虚拟现实（VR）和增强现实（AR）技术，为学生创建生物细胞结构、生物分子模型、生态系统空间分布等三维可视化学习场景，让学生通过直观的空间感知来理解抽象的生物知识，如在学习细胞结构时，学生可以在虚拟环境中自由穿梭并观察细胞器的立体形态和空间位置关系。对于身体运动智能优势的学生，AI 可结合生物实验教学，设计更多需要手动操作、肢体协调的实验项目，如生物标本的制作、显微镜下的细胞观察与绘图等，

并通过动作捕捉技术对学生的操作进行指导和反馈，帮助他们在实践操作中掌握生物知识和技能。

借助音乐智能，AI 可以将生物知识编写成歌曲、口诀或韵律诗，以帮助学生记忆生物分类、生物进化历程等较为复杂的知识点，如将动植物分类的关键特征编写成朗朗上口的口诀，通过音乐的节奏和韵律加深学生的记忆。在人际智能培养上，AI 搭建的在线学习社区和协作平台，能够促进学生之间的交流与合作，如组织小组生物课题研究、在线讨论生物热点话题等，让学生在互动中学会倾听他人意见、表达自己观点，共同解决生物问题，提升人际沟通和团队协作能力。

对于内省智能较高的学生，AI 提供的学习分析报告和自我评估工具，能够帮助他们清晰地了解自己的学习进度、知识掌握程度以及学习方法的有效性，引导他们制订合理的学习计划、调整学习策略，不断反思和提升自己的学习过程。而对于自然观察智能突出的学生，AI 可以推荐野外生物考察项目、自然纪录片以及生物多样性监测活动等，让他们在真实的自然环境中观察生物的形态、行为和生态习性，激发他们对生物学科的兴趣和探索欲望，同时通过智能设备记录和分析他们的观察数据，辅助他们进行深入的研究和学习。

通过这种基于多元智能理论的 AI 个性化学习支持，每个学生都能在自己擅长的智能领域中深入学习生物知识，同时有机会在其他智能方面得到锻炼和发展，从而实现全面而富有个性的生物学科学习，充分挖掘自身的潜力，提高学习效果和综合素质。

（二）智能的组合与综合性生物教学活动设计

生物学科的知识体系具有综合性和复杂性，往往需要多种智能的协同参与才能更好地理解和掌握。AI 在赋能生物教学时，能够依据多元智能理论，设计综合性的教学活动，充分调动学生的多种智能，促进学生对生物知识的全面理解和综合应用。

例如，在设计一个关于"生态系统的稳定性"的教学活动时，AI 可以整合多种资源和技术。首先，利用虚拟现实（VR）技术创建一个虚拟的生态系统场景，让学生通过空间智能直观地感受生态系统中各种生物和非生物成分的分布与相互关系，如观察不同生物在食物链中的位置以及它们与周围环境的物质循环和能量流动过程。

其次，通过在线协作平台，组织学生分组讨论生态系统受到外界干扰（如火灾、物种入侵等）后可能发生的变化以及如何维持其稳定性。这既锻炼了学生的人际智能，又促使他们运用逻辑数学智能分析生态系统中的各种数据和变化规律，如物种数量的增减、能量传递效率的变化等，从而深入理解生态平衡的原理和影响因素。

在教学过程中，AI还可以推荐相关的科普文章、学术研究报告以及专家讲座视频等语言类学习资源，帮助学生拓展知识面，提升语言智能。同时，引导学生运用内省智能对所学知识进行总结和反思，撰写学习心得和小论文，阐述自己对生态系统稳定性的理解以及保护生态环境的重要性。

此外，对于身体运动智能的培养，教师可以组织学生进行实地的生态调查活动，如在校园或周边自然环境中观察生态系统的组成部分，采集土壤、水样等进行简单的生态指标检测，学生在实际操作过程中不仅能够增强身体运动智能，还能将课堂上学到的理论知识与实际观察相结合，进一步加深对生态系统的认识。

通过这样的综合性教学活动，AI充分发挥了多元智能理论的优势，将不同智能类型有机地组合在一起，使学生在多样化的学习体验中，全面提升了对生物学科知识的理解、应用和创新能力，培养了学生的综合素养和跨学科思维，为学生未来应对复杂的现实问题奠定了坚实的基础。

（三）智能发展评估与AI助力的教学评价体系优化

传统的生物教学评价主要侧重于学生对知识的记忆和简单应用，往往忽视了学生多元智能的发展情况。而在AI赋能的生物教学中，基于多元智能理论，可以构建更加全面、科学的教学评价体系，对学生的智能发展进行全方位的评估。

AI可以通过收集学生在课堂表现、在线学习行为、作业完成情况、实验操作过程以及考试成绩等多方面的数据，运用数据分析算法和模型，对学生的多种智能发展水平进行量化评估。例如，在评估学生的空间智能时，AI可以分析学生在使用虚拟现实（VR）或增强现实（AR）学习工具时对生物模型的操作熟练程度、对空间位置关系的理解准确性以及在绘制生物结构图形时的表现等；对于人际智能的评估，AI可以统计学生在在线学习社区中的发言次数、参与讨论的积极性、与小组同学的合作默契程度以及在团队项目中的贡献度等指标；在衡量内省智能方面，AI可以通过分析学生的学习计划制订情况、自我评估报告的质量、对学习困难的反思和解决策略等内容，来判断学生内省智能的发展水平。

根据这些智能发展评估结果，AI能够为教师提供详细、个性化的教学反馈和建议，帮助教师了解每个学生的智能优势和短板，从而调整教学策略和方法，为学生提供更加针对性的指导和支持。例如，如果发现某个学生在逻辑数学智能方面有较大的发展潜力，但在语言智能方面相对较弱，教师可以在教学中适当增加数学模型应用的生物问题，同时为学生推荐一些提升语言表达能力的学习资源和练习，如撰写生物实验报告的指导手册、生物科普文章的阅读与写作练习等，促进学生多种智能的均衡发展。

此外，AI 助力的教学评价体系能够更加全面地反映学生的学习成果和进步情况，不仅局限于知识的掌握程度，还包括学生在各种智能发展上的成长和变化。通过定期的智能发展评估和反馈，学生能够清晰地了解自己的学习状态和智能优势，从而更加有针对性地进行自主学习和自我提升，激发学生的学习动力和自信心，实现生物学科教学的高质量发展和学生综合素质的全面提升。

第十六章 AI 技术在生物制药课堂教学中的应用

第一节 智能辅助教学工具助力生物制药理论教学

一、基于 AI 的生物制药知识图谱构建与应用

（一）知识点关联与可视化展示

随着生物制药领域的快速发展，知识呈爆炸式增长，学生往往难以梳理众多知识点之间的复杂关系。基于 AI 的知识图谱技术通过对海量生物制药文献、教材、研究报告等文本数据的深度挖掘和分析，能够自动识别并提取关键知识点，如药物作用靶点、药物合成路线、制药工艺流程、质量控制标准等，并建立起它们之间的语义关联。例如，在讲解某种特定药物的研发过程时，知识图谱可以将该药物的作用机制与相关的生物分子结构、细胞信号通路紧密相连，同时展示其从实验室研究到临床前试验，再到临床试验各个阶段所涉及的技术手段和法规要求，使学生能够清晰地看到整个知识体系的脉络。通过可视化界面，这些知识点以节点的形式呈现，关联关系则用线条表示，不同的颜色和线条粗细可以区分知识点的重要性和关联强度，让学生直观地感受到生物制药知识的内在逻辑结构，从而更好地理解和记忆复杂的理论知识。

（二）个性化学习路径推荐

每个学生的学习基础、学习速度和兴趣点都存在差异。AI 驱动的知识图谱

能够根据学生的个体学习情况，如课堂表现、作业完成情况、考试成绩、在线学习时长等多维度数据，为学生量身定制个性化的学习路径。对于基础薄弱的学生，系统会优先推荐基础概念和核心知识点的学习资源，如详细讲解药物化学基本结构和性质的微视频、动画演示常见药物合成反应的原理和步骤等，并按照由浅入深、循序渐进的顺序引导学生逐步掌握知识；而对于学习能力较强、已经掌握基础知识的学生，会推荐一些拓展性的前沿研究成果、复杂案例分析以及跨学科知识融合的内容，如基于基因编辑技术的新型药物研发案例，促使他们深入探索生物制药领域的未知领域，培养创新思维和解决实际问题的能力。同时，知识图谱能根据学生的学习进度和反馈，实时调整推荐内容，确保学习路径始终与学生的实际需求相匹配，提高学习效率和效果。

二、AI 驱动的生物制药课程课件生成与优化

（一）动态图表与多媒体资源整合

传统的生物制药课程课件往往以静态文字和图片为主，形式单一，难以生动形象地展示复杂的生物制药过程和抽象的概念。AI 技术的应用使课件能够整合丰富多样的动态图表和多媒体资源，极大地增强了教学内容的表现力和吸引力。例如，在讲解药物分子的三维结构和构效关系时，利用 AI 软件生成的可旋转、缩放的三维分子模型，学生可以从不同角度观察分子的形状、原子排列以及官能团的位置，深入理解药物分子与受体结合的作用机制。对于制药工艺流程，通过动画形式展示从原料采购、预处理、反应合成、分离纯化到制剂包装的全过程，每个步骤的关键设备、操作参数和物料流向都清晰可见，使学生对复杂的生产流程有直观的认识。此外，可以整合相关的视频案例，如实地拍摄的制药企业生产车间的实际操作流程、专家对最新药物研发成果的解读讲座等，让学生接触到真实的行业场景和前沿信息，拓宽视野，激发学习兴趣。

（二）智能排版与内容适应性调整

不同教师的教学风格和教学重点各不相同，同一门课程在不同的教学班级中可能需要根据学生的实际情况进行适当的调整。AI 驱动的课件生成系统能够根据教师的教学设计和学生的学习反馈，实现智能排版和内容适应性调整。例如，教师可以根据教学大纲和自己的教学思路，在系统中设定章节的重点、难点以及教学时长等参数，系统会自动对课件内容进行合理的排版布局，突出重点内容，

将关键知识点以醒目的方式呈现，如加大字体、改变颜色、添加标注等。同时，根据学生在课堂上的互动情况和在线学习平台上的学习数据，如对某些知识点的提问频率、答题正确率等，系统能够自动判断学生对各部分内容的掌握程度。对于学生普遍理解困难的部分，系统会自动推荐补充解释、案例分析或相关练习题等内容，帮助教师及时调整教学策略，优化教学内容，确保教学目标的顺利达成，满足学生的个性化学习需求，提高教学质量和效果。

第二节　虚拟实验室与模拟实验平台提升实践教学效果

一、高仿真生物制药虚拟实验室环境搭建

（一）仪器设备操作模拟

在生物制药实践教学中，学生需要熟练掌握各种复杂仪器设备的操作方法，然而实际操作机会有限且成本较高。高仿真虚拟实验室通过运用先进的虚拟现实（VR）和增强现实（AR）技术，对常见的生物制药仪器，如高效液相色谱仪（HPLC）、质谱仪（MS）、发酵罐、冻干机等进行高精度的数字化建模。学生戴上 VR 头盔或通过电脑屏幕，能够身临其境地进入虚拟实验室环境，对这些仪器进行全方位的观察和交互操作。例如，在操作虚拟的 HPLC 时，学生可以模拟从开机预热、样品制备与进样、仪器参数设置到数据采集与分析的全过程，真实感受仪器的每一个操作步骤和细节，包括旋钮的转动、按钮的按下、管路的连接等。系统还能够模拟仪器在操作过程中的各种状态变化和反馈信息，如压力波动、基线噪声、峰形变化等，让学生学会根据这些信息判断仪器的运行状态是否正常，并掌握相应的故障排除方法。这种沉浸式的操作模拟不仅提高了学生的实际操作技能，还避免了因误操作对真实仪器造成的损坏，同时为学生提供了随时随地进行实践练习的机会，极大地增强了实践教学的效果。

（二）化学反应过程可视化

生物制药过程涉及众多复杂的化学反应，这些反应往往在微观层面发生，难以通过传统的实验手段直接观察到反应的详细过程和分子间的相互作用。虚拟实

验室利用计算机图形学和分子模拟技术，将化学反应过程以可视化的方式呈现给学生。例如，在药物合成反应中，系统可以展示反应物分子如何在催化剂的作用下发生化学键的断裂和形成，生成目标产物分子的动态过程。通过动画形式，学生可以清晰地看到分子的三维结构变化、原子的迁移路径以及反应过程中的能量变化曲线等关键信息，深入理解反应的机理和影响因素。对于生物发酵过程，虚拟实验室能够模拟微生物在发酵罐中的生长代谢过程，包括微生物的增殖、底物的消耗、产物的生成以及环境因素（如温度、pH 值、溶氧浓度等）对发酵过程的影响，让学生直观地掌握生物制药中化学反应的本质和规律，为后续的实验设计和实际生产操作奠定坚实的理论基础，培养学生的科学思维和创新能力。

二、基于 AI 的实验方案设计与结果预测

（一）实验参数优化建议

设计一个合理的生物制药实验方案需要考虑众多因素，如原料的性质、反应条件、仪器设备的性能等，且不同因素之间相互影响，使实验方案的设计变得复杂烦琐。基于 AI 的实验设计系统通过对大量历史实验数据和相关领域知识的学习，能够为学生提供实验参数优化建议。例如，在进行药物结晶实验时，学生输入原料的纯度、溶解度、期望的晶体形态等信息，系统利用机器学习算法分析以往类似实验的数据，结合晶体生长动力学模型，快速推荐出合适的溶剂选择、温度控制范围、搅拌速率、结晶时间等实验参数。同时，系统还能根据实验目的和实际条件的限制，对多个参数进行综合优化，以达到提高晶体产率、纯度和质量的目标。这种智能化的参数优化建议不仅节省了学生在实验前期准备阶段的时间和精力，还提高了实验方案的科学性和可行性，增加了实验成功的概率，有助于培养学生运用现代信息技术解决实际问题的能力和科学研究素养。

（二）潜在风险提示与应对策略

生物制药实验过程中可能会遇到各种潜在风险，如化学反应失控、仪器故障、生物安全问题等，如果不能及时发现和处理，可能会导致实验失败甚至危及人身安全。AI 技术通过对实验过程的实时监测和数据分析，能够提前预测潜在风险并提供相应的应对策略。例如，在使用发酵罐进行微生物发酵实验时，系统通过传感器实时采集温度、压力、pH 值、溶氧等参数数据，并利用深度学习算法对这些数据进行分析。一旦发现数据出现异常波动，如温度急剧上升、溶氧突然下降等，系统会立即发出警报，提示可能存在的风险，如染菌、搅拌故障或通气系统堵塞等，并根据预先设定的应急预案，为学生提供详细的应对步骤，如调整通气量、添加消泡剂、检查设备连接等。此外，对于一些涉及有毒有害化学试剂或生物活性物质的实验，AI 系统还能对实验操作过程进行风险评估，提醒学生注意个人防护措施和实验室安全规范，确保实验过程的安全可靠，培养学生的安全意识和应急处理能力。

第三节　AI 支持的生物制药教学案例分析与项目实践

一、真实案例的 AI 辅助解析与讨论引导

（一）案例数据挖掘与关键信息提取

生物制药领域的实际案例往往包含海量的复杂数据和信息，学生在分析案例时容易迷失在数据的海洋中，难以快速准确地抓住关键要点。AI 技术的应用能够帮助学生对案例数据进行高效挖掘和关键信息提取。例如，在分析一个新型药物研发的案例时，AI 工具可以从临床前研究报告、临床试验数据、市场调研报告、专利文献等多源数据中，自动筛选出与药物的疗效、安全性、作用机制、市场前景等方面密切相关的关键信息，如药物在不同剂量下对特定疾病的治疗效果数据、不良反应发生率、同类药物的竞争态势等。通过自然语言处理技术，系统将这些关键信息以简洁明了的图表、摘要或结构化文本的形式呈现给学生，使他们能够快速了解案例的核心内容和关键问题，为后续的讨论分析提供有力支持，提高了案例分析的效率和质量，培养学生从复杂实际问题中提取关键信息和分析问题的能力。

（二）在线讨论平台的智能管理与引导

案例讨论是生物制药教学中的重要环节，通过学生之间的思想碰撞和交流互动，可以加深对知识的理解和应用能力。AI 支持的在线讨论平台能够实现对讨论过程的智能管理与引导。

首先，平台可以根据案例的主题和知识点，自动生成一些启发性的讨论问

题，引导学生从不同角度思考问题，如"从药物研发的成本效益角度分析该案例中研发路线的选择是否合理？""结合当前的技术发展趋势，讨论该药物未来可能的改进方向？"等。在讨论过程中，AI系统通过实时分析学生的发言内容，识别出学生的观点、论据以及存在的疑惑，并对讨论的方向和深度进行智能引导。例如，如果发现学生的讨论偏离主题，系统会及时提醒并引导回到正题；如果讨论陷入僵局，系统会自动推荐相关的参考资料或提出新的讨论思路，激发学生的思维活力。

其次，平台能对学生的参与度、贡献度、观点的创新性等方面进行量化评估，为教师提供客观的评价数据，以便更好地了解学生的学习情况和团队协作能力，及时调整教学策略，优化教学过程，促进学生在案例讨论中积极思考、主动学习，培养学生的团队合作精神和批判性思维能力。

二、小组合作项目中的 AI 协作工具应用

（一）团队成员任务分配与进度跟踪

在生物制药小组合作项目中，合理的任务分配和有效的进度跟踪是项目成功的关键。AI协作工具通过分析项目的目标、任务要求以及团队成员的个人能力、兴趣特长、过往表现等多维度数据，运用智能算法为每个成员自动分配最合适的任务。例如，在一个药物制剂开发项目中，对于擅长药物化学合成的成员，系统会分配药物活性成分的制备任务；对于具有良好实验操作技能的成员，安排制剂工艺优化的实验工作；对于沟通协调能力较强的成员，负责与外部机构（如供应商、检测单位等）的联络沟通工作。同时，工具能实时跟踪每个成员的任务进度，通过与项目计划的对比分析，及时发现进度滞后的任务环节，并向团队成员和项目负责人发出预警。例如，以甘特图的形式直观展示每个任务的起止时间、实际完成进度以及与计划进度的偏差情况，让团队成员清晰地了解项目的整体进展和各自任务的完成情况，以便及时调整工作计划和资源分配，确保项目能够按时、高质量地完成，培养学生的团队协作能力和项目管理能力。

（二）跨地域协作的实时沟通与资源共享

随着教育国际化和在线教育的发展，生物制药教学中的小组合作项目可能涉及不同地区甚至不同国家的学生。AI协作工具为跨地域协作提供了便捷高效的实时沟通与资源共享平台。借助高清视频会议、即时通信等功能，学生可以随时

随地进行面对面的交流讨论，分享各自的研究成果、实验数据、文献资料等资源，打破了地域和时间的限制，促进了知识的交流与融合。例如，在一个全球合作的生物制药创新项目中，来自不同国家的学生团队通过 AI 协作平台共同研究一种针对特定疾病的新型治疗药物。学生可以实时共享各自在药物设计、合成路线探索、药理活性测试等方面的实验数据和研究进展，互相学习借鉴不同的研究方法和思路，共同解决项目中遇到的技术难题和挑战。此外，平台还具备强大的文件管理和版本控制功能，确保团队成员能够访问到最新的项目资料和文档，并对文件的修改历史进行记录和追溯，避免因版本不一致而导致的混乱和错误，提高了跨地域协作的效率和协同效果，培养学生的全球视野和跨文化交流能力，使他们能够更好地适应未来国际化的生物制药科研和产业环境。

第十七章　AI 赋能生物工程课堂教学的策略与方法

第一节　生物工程原理教学中的 AI 可视化技术应用

一、复杂生物反应过程的 3D 动态模拟

（一）分子层面的反应机制展示

在生物工程原理教学中，许多生物反应过程发生在分子水平，传统教学手段难以直观呈现这些微观机制。通过 AI 技术构建的 3D 动态模拟模型，能够将复杂的分子结构、化学键的断裂与形成、底物与酶的特异性结合以及产物的生成等过程以生动形象的动画形式展现出来。例如，在讲解酶催化反应时，学生可以清晰地看到酶分子的活性中心如何精确地识别底物分子，诱导底物分子发生构象变化，进而催化化学反应的发生，使抽象的酶催化理论变得可视化、具体化。同时，模型可以对反应过程中的能量变化进行可视化展示，如以不同颜色的线条或图形表示反应物、过渡态和产物的能量水平，以及反应过程中的活化能变化，帮助学生深入理解化学反应动力学原理。这种分子层面的 3D 动态模拟不仅加深了学生对生物反应本质的理解，还激发了他们对微观世界的探索兴趣，为后续更深入的学习奠定了坚实的基础。

（二）宏观工艺参数与微观反应的关联呈现

生物工程的实际生产过程中，宏观工艺参数（如温度、压力、pH 值、底物

浓度等）的变化会直接影响微观层面的生物反应速率、产物选择性和细胞生长状态等。AI可视化技术能够将这些宏观与微观之间的复杂关联直观地呈现给学生。例如，在展示发酵过程时，一方面通过3D模型展示微生物细胞内的代谢途径和关键酶的活性变化；另一方面实时呈现发酵罐中的温度、搅拌速度、溶氧浓度等工艺参数的数值变化。当调整某一宏观参数时，学生可以立即观察到微观反应过程中细胞代谢产物的生成速率、细胞形态的变化以及酶活性的相应改变，从而深刻理解宏观工艺参数对微观生物反应的调控机制。这种关联呈现方式有助于学生建立起从微观分子反应到宏观工业生产的系统思维，使他们能够在实际工程应用中更好地把握工艺参数的优化和控制，提高解决实际问题的能力。

二、生物工程工艺流程的智能流程图绘制与讲解

（一）关键步骤的动画演示与语音讲解

生物工程工艺流程通常较为复杂，包含多个连续的操作单元和关键步骤。AI驱动的智能流程图绘制工具可以将这些工艺流程以清晰、直观的图形化方式呈现出来，并对每个关键步骤进行详细的动画演示和语音讲解。例如，在讲解生物制药中的蛋白质纯化工艺流程时，流程图中会依次展示细胞破碎、离心分离、层析纯化、超滤浓缩等步骤，点击每个步骤，系统会自动播放该步骤的动画，展示实际操作过程中的设备运行状态、物料流向以及关键技术要点，同时通过语音详细介绍该步骤的目的、原理、操作注意事项等内容。动画和语音的结合使学生能够更加专注地学习工艺流程，避免因文字描述过于抽象而产生的理解困难，提高学习效果和学习积极性。

（二）学生自主探索与流程编辑功能

为了培养学生的创新思维和自主学习能力，智能流程图工具还提供了学生自主探索与流程编辑功能。学生可以根据自己的理解和想法，对给定的工艺流程进行修改、优化或重新设计。例如，在学习污水处理生物工程工艺时，学生可以尝试调整不同处理单元的顺序、改变某些工艺参数，然后通过系统模拟观察这些变化对处理效果的影响，从而深入探究工艺流程中各个环节的相互作用关系以及优化空间。这种自主探索与编辑功能激发了学生的学习主动性和创造性，让他们在实践中不断尝试和改进，更好地掌握生物工程工艺流程的设计原理和方法，为今后从事实际工程设计和创新工作奠定基础。

第二节 实践技能培养的 AI 增强现实与虚拟现实应用

一、基于 AR/VR 的生物工程设备拆装与维护训练

（一）设备内部结构的虚拟透视与标注

生物工程设备往往结构复杂，内部零部件众多，传统的实践教学方式难以让学生全面、深入地了解设备的内部构造和工作原理。基于 AR/VR 技术的训练系统可以通过虚拟透视功能，将设备的外壳"透明化"，使学生能够清晰地看到设备内部的各种零部件的形状、位置和连接方式。同时，对每个零部件进行详细的标注，包括名称、功能、材质、常见故障及维修方法等信息。当学生将目光聚焦在某个零部件上时，相应的详细信息就会自动显示出来。例如，在对离心机进行拆装训练时，学生可以通过 VR 头盔直观地看到离心机转鼓、电机、轴承、减震装置等内部部件的结构和装配关系，了解其在高速旋转过程中的受力情况和工作原理，以及各个部件可能出现的故障模式和对应的维修技巧。这种虚拟透视与标注功能为学生提供了全方位、沉浸式的学习体验，使他们能够更加深入地掌握生物工程设备的内部结构知识，提高设备拆装与维护技能。

（二）操作步骤的实时指导与错误纠正

在设备拆装与维护训练过程中，学生需要按照正确的操作步骤进行操作，否则可能会损坏设备或导致安全事故。AR/VR 训练系统通过内置的人工智能算法和动作捕捉技术，能够实时监测学生的操作行为，并给予及时的指导和错误纠正。当学生拿起工具准备拆卸某个部件时，系统会通过语音和虚拟图像提示正确的操作方法和顺序，如"请先使用扳手松开固定螺栓，注意按照对角线顺序依次松开，避免部件受力不均"。如果学生操作错误，系统会立即发出警报，并以动画形式展示正确的操作步骤，同时解释错误操作可能带来的后果。例如，如果学生在拆卸过程中用力过猛，系统会提示"这样可能会损坏螺纹，导致部件无法再次安装，请调整用力大小和方向"。这种实时指导与错误纠正机制能够帮助学生及时发现并纠正操作中的问题，养成良好的操作习惯，提高

实践操作的准确性和安全性，确保学生在实际操作中能够熟练、规范地完成设备的拆装与维护任务。

二、智能虚拟工厂实习与实践操作考核

（一）生产场景的沉浸式体验与任务完成

智能虚拟工厂利用 VR 技术为学生打造了一个高度逼真的生物工程生产场景，让学生仿佛置身于真实的工厂车间中。学生可以在虚拟环境中自由行走，观察各种生产设备的运行情况，与虚拟的工作人员进行交互，参与整个生产流程的操作和管理。例如，在模拟的生物制药生产线上，学生可以从原材料的接收、检验开始，依次完成药物的发酵、提取、精制、包装等各个环节的操作任务，亲身体验生产过程中的各个环节的协调配合以及质量控制要点。在这个过程中，学生需要根据生产任务的要求，合理安排生产计划，调整设备参数，解决生产过程中出现的各种问题，如设备故障、原材料短缺、产品质量不合格等，从而全面提升自己的实践操作能力和解决实际问题的能力。通过这种沉浸式的体验，学生不仅能够更加深入地理解生物工程生产的实际流程和工艺要求，还能够增强对未来职业环境的认知和适应能力。

（二）自动考核与评估报告生成

为了客观、准确地评价学生在虚拟工厂实习中的学习效果，系统内置了自动考核与评估报告生成功能。考核内容涵盖学生对生产流程的熟悉程度、操作技能的熟练程度、问题解决能力、团队协作能力等方面。在学生完成实习任务的过程中，系统通过实时监测学生的操作行为、决策过程以及任务完成情况等数据，自动进行量化评分。例如，系统会记录学生在操作设备时的步骤准确性、参数设置的合理性、处理突发问题的及时性和有效性等指标，并根据预设的评分标准进行打分。实习结束后，系统会自动生成详细的评估报告，包括学生的各项考核成绩、优点和不足之处以及针对性的改进建议等内容。这份评估报告不仅为教师提供了全面、客观的教学反馈，帮助教师了解学生的学习情况，调整教学策略，还为学生提供了自我反思和改进的依据，使学生能够明确自己在实践技能方面的优势和差距，有针对性地进行学习和提高，促进学生实践能力的持续发展。

第三节 AI促进生物工程课程设计与项目驱动学习

一、利用AI进行生物工程课程项目选题与规划

（一）行业需求分析与项目创意生成

在生物工程课程项目驱动学习中，一个好的项目选题至关重要。AI可以通过对海量的生物工程行业数据进行挖掘和分析，包括市场调研报告、科研文献、专利信息、行业趋势预测等，帮助学生和教师了解当前生物工程领域的热点问题、市场需求以及技术瓶颈。例如，AI系统可以分析出随着人们对健康和环保意识的增强，生物可降解材料、生物制药、生物能源等领域具有广阔的市场前景和发展潜力。基于这些行业需求分析，系统利用自然语言处理和机器学习算法，结合学生的兴趣和专业知识背景，生成一系列具有创新性和可行性的项目创意。如针对生物可降解材料领域，可能生成"利用微生物发酵技术开发新型可降解塑料""基于植物纤维的高性能生物复合材料的制备与性能研究"等项目选题建议，为学生提供了丰富的灵感来源，激发学生的创新思维和探索欲望，使课程项目紧密结合行业实际需求，培养学生解决实际问题的能力和市场敏感度。

（二）项目可行性评估与资源需求预测

确定项目选题后，需要对项目的可行性进行全面评估，并合理预测所需的资源。AI工具可以从技术可行性、经济可行性、时间可行性等维度对项目进行分析评估。在技术可行性方面，通过对相关技术文献和科研成果的搜索与分析，判断项目所涉及的技术是否成熟，是否存在技术难点以及解决这些难点的可能途径和方法。例如，对于一个基于基因编辑技术的生物工程项目，AI系统可以评估当前基因编辑技术在该领域的应用现状、存在的问题以及团队成员是否具备相应的技术能力和实验条件来开展项目研究。在经济可行性方面，结合市场调研数据和成本核算模型，估算项目所需的原材料、设备、人力等成本，并预测项目可能产生的经济效益和社会效益，判断项目是否具有经济上的可行性和投资价值。同时，根据项目的任务分解和进度安排，AI系统还能够预测项目所需的时间资源，

并制订详细的项目进度计划，合理安排各个阶段的任务和进度，确保项目能够在规定的时间内完成。这种全面的可行性评估和资源需求预测功能，为项目的顺利启动和实施提供了有力的保障，帮助学生在项目规划阶段充分考虑各种因素，提高项目的成功率和实施效果。

二、项目实施过程中的 AI 数据监测与团队协作支持

（一）实验数据的实时采集与智能分析

在生物工程课程项目实施过程中，会产生大量的实验数据，如微生物生长曲线、酶活性数据、化学反应产物浓度变化等。AI 技术可以通过与实验设备的连接，实现实验数据的实时采集和自动记录，避免了人工记录数据可能出现的误差和遗漏。同时，利用机器学习和数据分析算法，对采集到的数据进行实时智能分析，提取数据中的关键信息和规律，为项目团队提供及时、准确的反馈。例如，在一个生物发酵优化项目中，AI 系统可以实时监测发酵过程中的温度、pH 值、溶氧浓度、底物消耗速率和产物生成速率等数据，并通过建立发酵过程动力学模型，分析这些参数间的相互关系，预测发酵过程的趋势和结果。如果发现发酵过程中出现异常情况，如产物生成速率下降、底物消耗过快等，系统会立即发出警报，并提供可能的原因分析和解决方案建议，如调整发酵条件、补充营养物质或优化菌种接种量等，帮助项目团队及时采取措施进行调整和优化，确保项目实验能够顺利进行，提高项目研究的效率和质量。

（二）团队协作效率的监测与优化建议

项目驱动学习通常以团队形式开展，团队协作效率直接影响项目的成败。AI 可以通过监测团队成员之间的沟通交流情况、任务分配与完成情况、资源共享与利用情况等数据，对团队协作效率进行评估和分析，并提供针对性的优化建议。例如，利用自然语言处理技术分析团队成员在在线讨论平台上的交流内容，判断团队成员之间的沟通是否顺畅、信息传递是否准确及时、是否存在沟通障碍或误解等问题；通过项目管理工具记录团队成员的任务分配和完成进度，分析任务分配是否合理、是否存在任务过载或闲置的情况；同时，监测团队成员对共享资源（如实验数据、文献资料、设备使用时间等）的访问和使用频率，评估资源共享的效率和公平性。基于这些监测数据，AI 系统可以为团队提供优化建议，如调整团队组织结构和沟通方式、重新分配任务、优化资源配置等，以提高团队协作

效率和项目整体绩效。此外，AI 可通过建立团队协作模型，对不同团队的协作模式和绩效进行比较分析，为教师提供教学反馈，帮助教师改进团队组建和项目管理方式，培养学生的团队协作能力和项目管理能力，使学生在项目实施过程中学会如何高效地与团队成员合作，共同完成项目目标。

第十八章　AI在生物科学课堂教学中的创新实践

第一节　生物科学基础知识教学的AI智能辅导系统

一、个性化学习计划制订与知识巩固练习

（一）基于学生学习情况的知识点推荐与练习推送

在生物科学基础知识的教学中，每个学生对知识的掌握程度和学习进度都有所差异。AI智能辅导系统通过收集和分析学生在课堂表现、作业完成情况、阶段性测试成绩等方面的数据，精准地了解学生的学习状况。例如，系统若识别出学生在细胞生物学中对细胞器的结构与功能这一知识点存在理解困难，或者在遗传学的孟德尔定律应用方面掌握不够扎实。基于这些分析结果，系统会为学生量身定制个性化的学习计划，推荐相关的知识点讲解视频、电子教材章节、互动式动画演示等学习资源，帮助学生加深对薄弱知识点的理解。同时，系统还会根据学生的学习进度和能力水平，推送针对性的练习题，题目难度从易到难逐步递进，涵盖基础知识巩固、能力提升拓展以及实际应用等不同类型，确保学生在练习过程中既能巩固所学知识，又能逐步提高解题能力和思维水平，实现个性化的学习与成长。

（二）错题自动整理与强化训练

学生在学习过程中不可避免地会出现各种错题，这些错题反映了学生的知识

漏洞和思维误区。AI智能辅导系统具有错题自动整理功能，每当学生完成作业或测试后，系统会自动将错题收集起来，并按照知识点、题型等维度进行分类整理。对于每一道错题，系统不仅会给出正确答案和详细的解题思路，还会分析学生出错的原因，如概念混淆、计算错误、逻辑推理不严谨等。在此基础上，系统会根据错题情况为学生生成个性化的强化训练计划，定期推送与错题知识点相关的类似题目，让学生进行有针对性的练习，加深对易错知识点的理解和掌握，避免在同一问题上反复出错，从而有效提高学习效果和成绩。

二、自然语言处理技术支持的生物科学问答系统

（一）复杂生物学问题的语义理解与解答

生物科学领域的问题往往具有复杂性和专业性，学生在学习过程中会遇到各种各样的疑问，而这些问题的表达方式可能多种多样。基于自然语言处理技术的问答系统能够理解学生提出的问题的语义，无论问题的表述是正式还是口语化，系统都能准确识别问题的核心内容和关键知识点。例如，当学生问"细胞呼吸过程中，氧气是怎么参与反应的，它的作用机制是什么？"或者"细胞呼吸为啥要氧气啊？"系统都能理解这是关于细胞呼吸中氧气作用机制的问题。然后，系统会从其丰富的生物科学知识数据库中搜索相关的信息，包括教材内容、学术文献、专业知识库等，并以简洁明了的语言回答学生的问题，提供详细的氧气参与细胞呼吸的化学反应过程、在能量代谢中的作用以及与其他物质的相互关系等内容，帮助学生解决学习中的困惑，深入理解生物学知识。

（二）拓展问题引导与知识延伸

为了激发学生的学习兴趣和探索精神，培养学生的创新思维和自主学习能力，问答系统不仅回答学生提出的直接问题，还会根据问题的内容和学生的知识水平，智能地引导学生思考相关的拓展问题，并提供相应的知识延伸内容。例如，当学生询问"光合作用中光反应和暗反应的区别是什么？"系统在回答完这个问题后，会进一步提问"光反应和暗反应是如何相互协调来保证光合作用的高效进行的？""在不同的环境条件下，如光照强度、温度、二氧化碳浓度变化时，光合作用的光反应和暗反应会受到怎样的影响？"等拓展问题，并为学生提供相关的研究案例、实验数据以及最新的科研成果等知识延伸资料，引导学生深入探究光合作用的奥秘，拓宽学生的知识面，使学生不仅局限于教材中的基础知识，

而且能够接触到学科前沿的研究动态和思维方式，培养学生的科学素养和探究能力。

第二节　探究性学习活动中的 AI 技术支持

一、基于 AI 的生物科学实验设计与数据分析平台

（一）实验变量控制与样本量计算

在生物科学探究性实验中，合理地控制实验变量和确定合适的样本量是确保实验结果准确性和可靠性的关键因素。基于 AI 的实验设计平台可以根据实验的研究目的和假设，帮助学生科学地确定自变量、因变量和控制变量，并提供相应的控制方法和策略。例如，在研究某种植物生长激素对植物生长的影响实验中，学生输入实验的大致方向和预期结果后，平台会提示学生需要控制的环境因素（如光照、温度、湿度、土壤肥力等）以及如何通过设置对照组和实验组来有效地控制这些变量，确保实验结果是由植物生长激素这一自变量引起的。同时，平台还能根据统计学原理和以往类似实验的数据，为学生计算出合适的样本量，既能保证实验结果具有足够的统计学意义，又能避免样本量过大造成资源浪费和实验复杂性增加。通过这种方式，帮助学生设计出严谨、科学、可行的实验方案，提高探究性实验的质量和成功率。

（二）数据分析方法选择与结果可视化

实验完成后，学生需要对收集到的数据进行分析和处理，以得出科学的结论。然而，面对大量的实验数据，学生往往不知道如何选择合适的数据分析方法。AI 实验设计与数据分析平台具备智能数据分析功能，能够根据实验数据的类型（如定量数据、定性数据）、分布特征（如正态分布、非正态分布）以及实验设计的类型（如单因素实验、多因素实验）等因素，为学生推荐合适的数据分析方法，如 t 检验、方差分析、相关性分析、回归分析等，并提供详细的操作步骤和解释说明。此外，平台能将分析结果以直观、可视化的方式呈现出来，如图表（柱状图、折线图、散点图等）、图像（如细胞形态图、生物分布地图等）、

动画（如生物过程的动态模拟图）等形式，帮助学生更直观地理解数据所反映的生物学现象和规律，发现数据中的潜在信息和趋势，从而更好地支持实验结论的得出和研究报告的撰写，培养学生的数据分析能力和科学思维能力。

二、野外生物考察与调查中的 AI 辅助工具

（一）物种识别与生态数据采集应用

野外生物考察与调查是生物科学探究性学习的重要组成部分，但学生在野外往往会遇到难以识别的物种以及复杂的生态环境数据采集问题。AI 辅助工具通过图像识别技术和物种数据库，能够帮助学生快速准确地识别所观察到的动植物物种。学生只需使用手机或其他移动设备拍摄生物的照片，AI 工具就能在短时间内识别出物种的名称、分类地位、特征描述等信息，并提供相关的生物学知识和生态习性介绍，大大提高了物种识别的效率和准确性，丰富了学生在野外考察中的知识获取途径。同时，对于生态数据的采集，如植被覆盖度、土壤湿度、气候参数等，AI 工具可以与各种传感器设备连接，实现数据的自动采集、记录和整理，并通过地理信息系统（GIS）技术将采集到的数据与地理位置信息相结合，生成可视化的生态地图，直观地展示生物与环境之间的相互关系，为学生进行生态研究和分析提供有力的数据支持，培养学生的野外实践能力和生态研究素养。

（二）路线规划与安全预警功能

在野外生物考察过程中，合理的路线规划和安全保障至关重要。AI 辅助工具可以根据考察区域的地形地貌、地理信息、已知的生物分布情况以及学生的考察时间和目标等因素，为学生制定个性化的考察路线规划。路线规划会考虑到尽量涵盖更多的生物多样性热点区域，同时避免学生进入危险地带，如陡峭的山坡、湍急的河流、易发生地质灾害的区域等。此外，工具还配备了安全预警功能，通过实时监测天气变化、地理环境信息以及学生的位置信息，当发现可能出现的危险情况时，如暴雨即将来临、靠近危险区域边界等，系统会及时向学生发出警报，并提供相应的避险建议和安全措施，确保学生在野外考察过程中的人身安全，使学生能够更加专注地进行生物科学探究活动，提高了野外实践教学的安全性和有效性。

第三节　AI 拓展生物科学课堂的学习资源与交流空间

一、全球生物科学研究动态的 AI 实时推送与解读

（一）学术论文筛选与关键成果提炼

生物科学是一个快速发展的学科，新的研究成果和发现不断涌现。AI 系统通过对全球各大生物科学数据库、学术期刊网站以及科研机构发布的信息进行实时监测和筛选，根据学生的兴趣领域和知识水平，为他们推送最新的、有价值的学术论文和研究报告。例如，对于对基因编辑技术感兴趣的学生，系统会筛选出该领域最新发表的高质量研究论文，并利用自然语言处理和文本摘要技术，提取出论文的关键成果、研究方法、创新点以及对未来研究的展望等核心内容，以简洁易懂的语言呈现给学生，使学生能够及时了解基因编辑技术的前沿研究动态和发展趋势，拓宽学术视野，激发学生对生物科学研究的兴趣和热情，培养学生的科研素养和创新意识。

（二）专家观点与解读视频推荐

除了学术论文，了解专家对生物科学领域热点问题的观点和解读对于学生深入理解学科知识和发展趋势也具有重要意义。AI 平台会收集全球知名生物科学家的讲座视频、学术报告、访谈记录等资源，并根据学生的学习需求和兴趣点进行精准推荐。这些视频资源不仅涵盖了专家对最新研究成果的解读，还包括对学科发展方向的预测、研究方法的探讨以及科研伦理等方面的思考。例如，在全球关注的生物多样性保护问题上，学生可以观看专家关于生物多样性现状、面临的威胁以及保护策略的深入分析视频，从专家的视角获取全面、权威的信息，加深对生物多样性保护重要性和紧迫性的认识，同时学习到专家在解决复杂生物科学问题时的思维方式和研究方法，提升学生的综合素养和批判性思维能力。

二、在线生物科学学习社区的 AI 智能管理与互动促进

（一）兴趣小组组建与话题推荐

在线学习社区为学生提供了一个交流和分享生物科学学习心得、讨论问题、

开展合作学习的平台。AI 技术可以根据学生在社区中的浏览记录、发帖内容、参与讨论的话题等行为数据，分析学生的兴趣爱好和学习需求，自动为学生组建兴趣小组，将具有相似兴趣的学生聚集在一起，方便他们开展更加深入和有针对性的学习交流活动。同时，AI 系统会根据兴趣小组的主题和成员的知识水平，推荐相关的讨论话题，如"如何利用基因工程技术提高农作物的抗病虫害能力?""探讨生态系统中物种间的相互作用关系及其对生态平衡的影响"等，激发学生的讨论热情，引导学生在交流互动中相互学习、共同进步，培养学生的团队合作精神和沟通能力。

（二）学生作品展示与互评的智能引导

在学习社区中，学生可以展示自己的生物科学实验报告、研究项目成果、科普作品等学习成果，与其他同学进行分享和交流。AI 智能管理系统可以对学生的作品进行分类整理和展示，并提供互评功能。在互评过程中，系统会根据作品的类型和评价标准，为学生提供智能引导，帮助学生进行客观、全面的评价。例如，对于一份生物实验报告，系统会提示学生从实验设计的合理性、数据的准确性与可靠性、结果分析的科学性、结论的合理性以及报告的规范性等方面进行评价，并提供相应的评价量表和参考示例。同时，系统会对学生的互评结果进行统计分析，反馈给教师和学生，帮助教师了解学生的学习情况和评价能力。学生也可以从他人的评价和反馈中发现自己的优点和不足之处，进一步改进和提高自己的学习效果，促进学生在学习社区中的共同成长和发展，营造一个积极活跃、富有成效的在线学习氛围。

第十九章　AI 赋能生物学科课堂 教学的评价体系构建

第一节　教学目标达成度的 AI 评估指标与方法

一、知识掌握程度的 AI 智能测试与分析

（一）自适应考试系统的应用

传统考试往往采用固定的试卷和题目，难以精准地针对每个学生的知识水平进行测试。而基于 AI 的自适应考试系统能够根据学生的答题情况实时调整题目难度和类型。例如，当学生在生物制药基础知识部分回答正确时，系统会自动推送更具挑战性的进阶题目，涉及复杂药物合成反应原理或最新药物研发技术应用等方面；反之，如果学生答错，系统会降低题目难度，进一步考查基础知识的掌握细节，如药物分子结构的基本组成部分等。通过这种动态调整，考试能够更准确地评估学生对知识的掌握程度，避免因题目过难或过易导致的评估偏差，为每个学生提供个性化的知识检测体验，充分挖掘学生的知识潜力，使教师获得更具针对性的教学反馈。

（二）知识漏洞诊断与补救建议

在学生完成考试或日常作业后，AI 系统会对其答题数据进行深度分析，以确定学生的知识漏洞。通过与教学大纲和知识图谱的对比，系统能够精准定位学生在生物工程或生物科学各个知识点上的薄弱环节。例如，如果学生在生物工程

的发酵工艺原理部分频繁出错，系统会详细分析错误原因，可能是对微生物代谢途径的理解不清晰，或者是对发酵条件控制因素的忽视等。基于这些诊断结果，AI 会为学生生成个性化的补救建议，如推荐特定的学习资料，包括详细讲解发酵工艺的视频教程、经典教材章节、相关学术论文的简化解读等，还会为学生制订有针对性的练习计划，着重强化薄弱知识点的训练，帮助学生及时填补知识漏洞，提升知识掌握水平，为后续的学习打下坚实基础。

二、技能提升的量化评估与 AI 辅助实践考核

（一）操作技能的动作捕捉与评分

在生物实验课程中，学生的操作技能至关重要。AI 系统借助高精度的动作捕捉设备和先进的图像处理算法，能够对学生在实验操作中的动作进行实时监测和量化分析。以生物制药实验中的药物合成实验为例，系统可以精确记录学生使用仪器设备的操作步骤、手法的准确性和规范性，如移液器吸取试剂的体积精度、搅拌速度的控制稳定性、反应装置搭建的顺序和密封性等。通过与标准操作流程进行对比，系统能够自动给出客观的评分，并指出学生操作中的具体错误和不足之处，如"移液器吸取试剂时，手部晃动导致吸取体积偏差超过允许范围，扣 2 分""反应装置搭建过程中，连接部件未拧紧，可能导致气体泄漏，扣 1 分"等，使学生能够清楚地了解自己在操作技能方面的表现，及时改进和提高，同时也为教师提供了详细、准确的实践教学评价数据。

（二）项目实践成果的智能评估与反馈

对于生物学科的项目实践课程，AI 能够对学生的实践成果进行全面、智能的评估。例如，在生物科学的野外考察项目中，学生需要提交考察报告、物种鉴定数据以及生态环境分析结论等成果。AI 系统可以对这些成果进行多维度的评估，包括数据的准确性和完整性、分析方法的合理性、结论的科学性以及报告的逻辑性和规范性等。对于生物工程的项目实践，如设计一款新型生物反应器，AI 会评估反应器的设计创新性、性能参数是否达到预期目标、工艺流程的合理性以及成本效益分析等方面。在评估过程中，系统不仅给出综合评分，还会针对每个评估维度提供详细的反馈意见，如"在生物反应器的设计中，创新性较好，但工艺流程中存在部分步骤效率较低的问题，建议参考以下优化方案……"帮助学生认识到项目实践中的优点和不足，引导他们进行改进和完善，提升实践能力和创

新思维，同时为教师提供全面了解学生项目实践水平的依据，以便更好地指导后续教学。

第二节 学习过程与学习态度的 AI 监测与评价

一、学生课堂参与度的 AI 行为分析

（一）注意力集中程度监测

在课堂教学过程中，AI 通过多种方式监测学生的注意力集中程度。例如，利用计算机视觉技术分析学生的面部表情、眼神注视方向以及头部姿态等信息。如果学生频繁出现眼神游离、打哈欠、低头等行为，系统会判断该学生可能注意力不集中，并记录相应的数据。同时，结合课堂互动环节的数据，如学生回答问题的准确率和反应速度，进一步验证注意力监测的结果。当发现学生注意力不集中时，教师可以及时采取措施，如提问、调整教学节奏或增加互动活动等，以重新吸引学生的注意力，提高课堂教学效果。这种实时的注意力监测有助于教师了解每个学生在课堂上的学习状态，及时发现并解决学生的学习问题，确保教学活动能够高效地进行。

（二）互动行为统计与分析

课堂互动是学生参与教学过程的重要体现。AI 系统可以对学生在课堂上的提问、回答问题、小组讨论参与度以及与教师和同学的交流互动等行为进行详细统计和分析。例如，统计学生提问的数量、问题的类型（是关于基础知识的疑问，还是对知识的拓展性思考）以及提问的时机（是在讲解新知识点时，还是在复习总结阶段）等信息；分析学生在小组讨论中的发言次数、发言内容的质量（是否具有建设性、创新性，是否能够引导小组讨论深入进行）以及与小组成员的协作情况等。通过这些数据的分析，教师可以了解学生的学习积极性、思维活跃度以及团队合作能力等方面的情况，进而调整教学策略，鼓励学生更加积极地参与课堂互动，营造活跃的课堂氛围，促进学生的学习和成长。

二、课外自主学习情况的 AI 跟踪与评价

（一）学习时间与学习资源利用分析

随着在线学习平台的广泛应用，学生在课外有更多的自主学习机会。AI 可以跟踪学生在这些平台上的学习时间和学习资源利用情况。例如，记录学生登录在线课程平台的时间、浏览各个学习模块的时长、观看教学视频的次数和时间分布、参与在线讨论和作业提交的时间等信息，从而分析学生的学习投入程度和学习习惯。同时，系统会对学生利用的学习资源类型进行统计，如是否更多地依赖教材电子版、参考书籍、学术论文、在线实验模拟软件还是其他学习资源，以及不同类型资源的使用频率和效果。通过这些分析，教师可以了解学生的自主学习偏好和需求，为学生提供更有针对性的学习指导和资源推荐，帮助学生优化课外学习策略，提高自主学习效率。

（二）学习进度与困难记录

AI 系统还能够根据学生在课外学习过程中的作业完成情况、在线测试成绩、学习任务的提交顺序和时间间隔等数据，分析学生的学习进度是否符合预期，并及时发现学生在学习过程中遇到的困难和问题。例如，如果学生在某一章节的作业中频繁出错，且花费较长时间仍未完成相关学习任务，系统会判断该学生在这部分知识上可能存在困难，并记录下来。教师可以通过系统的反馈，了解学生的学习瓶颈，主动与学生沟通，提供必要的帮助和辅导，如额外的学习资料、个性化的讲解视频或组织线上答疑活动等，确保学生能够顺利推进课外学习，跟上教学进度，克服学习困难，增强学习信心，培养自主学习能力和解决问题的能力。

第三节　教师教学质量的 AI 辅助评价模型

一、教学方法有效性的 AI 数据分析

（一）不同教学策略下学生学习效果对比

在生物学科教学中，教师会采用多种教学策略，如讲授法、讨论法、实验

法、项目驱动法等。AI 辅助评价模型可通过收集和分析学生在不同教学策略下的学习成绩、知识掌握程度、技能提升情况以及学习态度和兴趣变化等数据，对比不同教学策略的有效性。例如，在生物制药课程的某一章节教学中，教师采用传统讲授法进行一班的教学，而在二班采用项目驱动教学法，AI 系统会对比两个班级学生在章节测试中的成绩分布、对知识点的理解深度（通过作业和课堂提问分析）以及学生对该部分内容的学习兴趣（通过问卷调查和课堂参与度数据评估）等方面的差异。通过这种对比分析，教师可以了解哪种教学策略更适合特定的教学内容和学生群体，从而优化教学方法选择，提高教学质量，使教学活动更加贴合学生的学习需求和认知特点，激发学生的学习潜能，提升教学效果。

（二）教学环节时间分配的合理性评估

合理的教学环节时间分配对于教学效果具有重要影响。AI 系统可以对教师在课堂教学中各个环节（如导入、讲解、演示、讨论、练习、总结等）所花费的时间进行精确记录和分析。例如，通过分析多节课的教学数据，发现教师在某些知识点的讲解上花费时间过长，导致学生练习和讨论的时间不足，影响了学生对知识的巩固和应用能力的培养；或者在课堂导入环节过于简洁，未能充分激发学生的学习兴趣和好奇心。基于这些分析结果，AI 会为教师提供关于教学环节时间分配的优化建议，如适当缩短某些简单知识点的讲解时间，增加学生自主探究和实践操作的时间，调整各教学环节的顺序以提高教学节奏的流畅性等，帮助教师合理安排教学时间，提高课堂教学效率，使教学过程更加紧凑、有序、高效，提升教学质量和学生的学习体验。

二、教学资源利用效率的 AI 评估指标

（一）课件、实验设备等资源的使用频率与效果分析

教师在教学过程中会使用各种教学资源，如课件、实验设备、教材、参考书籍等。AI 评估指标可以对这些资源的使用频率和使用效果进行分析。对于课件，系统可以统计教师在不同课程中使用课件的次数、每页课件的停留时间、学生对课件内容的点击和浏览情况等数据，以评估课件能否吸引学生的注意力、是否有效地辅助了教学过程以及是否存在需要改进的地方。对于实验设备，AI 可以记录设备的开机次数、使用时长、学生操作的成功率以及实验结果的准确性等信息，分析实验设备的利用率和使用效果，判断是否存在设备闲置或过度使用的情

况，以及设备是否满足教学需求和学生的实践操作要求。通过这些分析，教师可以了解教学资源的实际使用情况，及时调整资源配置和使用方式，提高教学资源的利用效率，确保教学资源能够充分发挥其应有的作用，为教学活动提供有力支持。

（二）基于 AI 的教学资源推荐与优化

基于对教学资源利用情况的分析，AI 系统能够为教师提供个性化的教学资源推荐和优化建议。例如，如果发现教师在讲解某一生物工程原理时，现有的课件内容不够生动形象，学生理解困难，AI 会推荐相关的动画演示、虚拟实验软件或在线课程视频等资源，帮助教师丰富教学内容，提高教学效果。对于实验教学，如果分析发现学生在使用某类实验设备时操作成功率较低，AI 可能会推荐更详细的设备操作教程、虚拟仿真训练软件或邀请专业技术人员进行现场指导等优化措施，以提升学生的实验操作技能和教学资源的利用效率。同时，AI 可以根据学科发展动态和教学大纲的更新，自动推荐最新的教学资源，如前沿的科研成果、行业案例、新型实验技术等，帮助教师及时更新教学内容，使教学活动与时俱进，培养学生的创新思维和实践能力，提升教师的教学质量和教学水平。

第二十章 AI时代生物学科教师的专业发展路径

第一节 教师AI素养的内涵与构成

一、AI技术基础知识与操作技能

（一）常见AI工具的使用培训

随着AI在教育领域的逐步渗透，教师需要掌握一些常见的AI工具，以提升教学效果和效率。例如，学会使用智能教学辅助软件，如自动批改作业系统，能够快速准确地对学生的作业进行批改和反馈，节省教师的时间和精力，同时能为学生提供及时的学习指导。还应掌握一些用于教学资源创建和管理的AI工具，如利用图像识别技术生成生物标本的3D模型，用于生物科学课程的教学展示；或者使用自然语言处理工具创建智能问答库，帮助学生解答常见问题。通过专业的培训课程和实践操作，让教师熟悉这些工具的功能和使用方法，能够根据教学需求灵活运用，从而更好地服务于教学活动。

（二）编程基础与算法思维培养

编程能力和算法思维是理解和应用AI技术的重要基础。教师可以通过学习编程语言，如Python，以掌握基本的编程技能，这有助于他们理解AI算法的实现原理，并能够对一些简单的AI模型进行修改和定制。例如，在生物工程的实验数据处理中，教师可以编写代码实现数据的清洗、分析和可视化，深入了解数据背后的规律。同时，培养算法思维能够让教师学会用逻辑和结构化的方式解决问题，例如，在设计基于 AI 的教学评价系统时，运用算法思维确定评价指标的权重和计算方法，使评价结果更加科学合理。通过在线编程课程、编程工作坊以及实际项目的锻炼，逐步提升教师的编程能力和算法思维水平，为其在教学中深入应用 AI 技术奠定坚实的基础。

二、AI 教育应用的教学设计能力

（一）基于 AI 的教学活动设计与组织

教师能够根据教学目标和学生的特点，设计出融合 AI 技术的教学活动。例如，在生物制药课程中，利用虚拟实验室平台组织学生进行药物合成实验，让学生在虚拟环境中操作实验仪器、调整反应参数、观察实验结果，通过亲身体验加深对知识的理解。在生物科学的课堂教学中，可以设计基于 AI 智能辅导系统的小组竞赛活动，学生通过回答系统提出的问题获取积分，激发学生的学习积极性和竞争意识。在设计教学活动时，教师要充分考虑如何引导学生与 AI 技术进行有效的互动，如何将 AI 作为教学的辅助工具，从而促进学生的自主学习和探究能力的发展，使教学活动既富有创新性又具有教育价值。

（二）融合 AI 的课程开发方法

开发融合 AI 技术的课程是教师面临的一项重要任务。教师需要了解如何将 AI 元素有机地融入生物学科的课程体系中。例如，在生物工程课程的开发中，可以引入 AI 技术在生物产品质量检测、生产过程优化等方面的应用案例，让学生了解行业的最新发展动态；同时，结合虚拟工厂实习、智能实验设计等 AI 实践环节，构建理论与实践相结合的课程内容。在课程开发过程中，教师要注重课程的系统性和连贯性，确保 AI 技术的应用能够与教学目标、教学内容和教学方法相互协调，形成一个有机的整体，培养学生具备在 AI 时代所需的生物工程专业素养和综合能力。

三、AI 伦理与教育公平意识

（一）AI 在教育中应用的伦理问题探讨

AI 在教育中的应用引发了一系列伦理问题，教师需要对此有清晰的认识和深入的思考。例如，在使用 AI 进行学生评价时，可能会出现数据偏见问题，导致对某些学生的不公平评价。教师要了解如何避免这种情况的发生，如确保数据的多样性和准确性，采用合理的算法和评价模型等。又如，在使用 AI 辅助教学过程中，要关注学生的隐私保护，确保学生的个人信息不被泄露和滥用。通过案例分析、专题研讨等方式，让教师探讨这些伦理问题的产生原因、表现形式以及解决策略，树立正确的 AI 伦理观念，在教学实践中遵循伦理原则，保障学生的合法权益。

（二）保障教育公平的 AI 应用原则

教育公平是教育的重要价值追求，在 AI 赋能教学的过程中，教师要明确保障教育公平的原则。例如，在推荐学习资源时，要确保资源的可获取性和适用性，避免因技术条件或经济因素导致部分学生无法使用优质的 AI 学习资源。在利用 AI 进行个性化教学时，要防止过度依赖技术而忽略了学生的个体差异和主观能动性，确保每个学生都能得到公平的发展机会。教师要时刻关注 AI 技术在教学应用中的公平性问题，积极探索解决办法，如为不同学习能力和背景的学生提供差异化的指导和支持，利用开源免费的 AI 工具和资源来降低技术门槛，使 AI 技术能够真正促进教育公平的实现，让每个学生都能从 AI 赋能的教学中受益。

第二节　教师专业发展的 AI 支持策略与资源

一、在线 AI 教育课程与培训平台推荐

（一）专业机构提供的教师培训课程

许多专业的教育机构针对教师的 AI 素养提升推出了专门的培训课程。例如，一些知名高校的继续教育学院开设的"AI 技术在教育中的应用"课程，涵盖 AI 基础知识、教学应用案例分析、实践操作等多个方面的内容，由该领域的专家学者和一线教师授课，课程内容具有较高的权威性和实用性。还有一些国际知名的教育科技公司提供的在线培训课程，如微软教育的"AI 教育者计划"，通过线上学习、项目实践和认证考试等环节，帮助教师系统地掌握 AI 技术及其在教学中

的应用方法，并获得相应的专业认证，提升了教师在 AI 教育领域的竞争力和专业水平，为教师的职业发展提供有力支持。

（二）开源学习资源与社区分享

开源学习资源和社区为教师提供了丰富的免费学习材料和交流平台。例如，GitHub 上有许多开源的 AI 教育项目，教师可以获取到大量的代码示例、教学课件、案例研究等资源，用于自己的教学实践和学习研究。同时，像 Edmodo、Moodle 等在线教育社区，汇聚了来自全球各地的教师，他们在社区中分享自己在 AI 教学中的经验、心得和遇到的问题，教师可以通过参与社区讨论、问答交流等活动，拓宽视野，了解不同地区的 AI 教育实践动态，获取最新的教学理念和方法，与同行共同成长和进步。此外，一些开源的在线学习平台，如 Khan Academy、Coursera 等，也提供了许多免费的 AI 相关课程，教师可以根据自己的时间和需求进行自主学习，不断充实和提升自己的 AI 知识和技能。

二、基于 AI 的教师教学反思与改进工具

（一）课堂教学录像的 AI 分析与反馈

借助 AI 技术对课堂教学录像进行分析，能够为教师提供全面、客观的教学反馈。例如，通过视频分析软件，能够统计教师在课堂上的语速、提问频率、与学生的眼神交流次数等数据，帮助教师了解自己的教学节奏和师生互动情况。同时，AI 可以对学生的课堂表现进行分析，如学生的注意力集中程度（通过面部表情和肢体语言识别）、参与课堂讨论的积极性（发言次数和发言时长）等，为教师评估教学效果提供多维度的参考。基于这些分析结果，AI 系统会生成详细的报告和建议，如提醒教师在某些知识点的讲解上语速过快，需要适当放慢速度；或者建议增加提问的开放性，鼓励更多学生参与讨论等，帮助教师发现教学过程中存在的问题，并及时进行改进和优化，提升教学质量。

（二）学生评价数据的智能挖掘与应用

学生评价是教师教学反思的重要依据之一，AI 技术可以对学生的评价数据进行智能挖掘和分析。通过自然语言处理技术，对学生在问卷调查、在线评论、课堂反馈等渠道中表达的意见和建议进行整理及分类，提取出关键信息和情感倾向。例如，分析学生对教学方法、教学内容、作业布置等方面的满意度和具体意见，发现学生普遍认为某部分教学内容过于抽象、难以理解，或者作业量过大、

难度过高。AI系统会将这些分析结果直观地呈现给教师，帮助教师了解学生的需求和期望，从而针对性地调整教学策略，改进教学方法，优化教学内容和作业设计，更好地满足学生的学习需求，提高学生的学习体验和学习效果，促进教师的专业成长和发展。

第三节 教师在AI赋能教学中的实践案例与经验分享

一、优秀教师的AI应用实践故事

（一）教学创新点与成果展示

某生物科学教师在教学中引入了AI智能辅导系统，为学生提供个性化的学习路径和即时反馈。通过该系统对学生的学习数据进行分析，精准地了解每个学生的知识薄弱点和学习进度，然后为他们推送针对性的学习资料和练习题。例如，对于在细胞生物学中对细胞器功能理解困难的学生，系统会推荐相关的动画演示、微视频讲解以及专项练习题，帮助学生加深对知识点的理解和掌握。经过一段时间的实践，学生的整体学习成绩显著提高，尤其是在知识应用和综合分析能力方面有了明显的提升。同时，学生的学习积极性和自主学习能力也得到增强，课堂氛围更加活跃，学生对生物科学的学习兴趣更加浓厚。

（二）遇到的问题与解决方法

在应用AI智能辅导系统的过程中，教师也遇到了一些问题。例如，部分学生过度依赖系统提供的答案，缺乏独立思考和解决问题的能力。为了解决这个问题，教师调整了教学策略，增加了小组合作学习环节，要求学生在小组内讨论问题，并共同完成一些综合性的学习任务，引导学生相互交流、相互启发，培养他们的团队合作精神和自主探究能力。同时，教师与家长保持密切沟通，让家长了解学生在使用AI学习工具时可能出现的问题，共同监督和引导学生正确使用技术，确保AI技术能够真正服务于学生的学习和成长，而不是成为学生学习的"拐杖"。

二、教师团队协作开展 AI 教学改革的经验总结

（一）团队组建与分工协作模式

一个生物学科教师团队为了推进 AI 教学改革，组建了跨年级、跨学科的协作团队。团队成员包括生物专业教师、信息技术教师、教育技术专家以及学校的教学管理人员等。在团队组建初期，明确了各成员的职责和分工。生物专业教师负责提供教学内容和教学目标，结合生物学科的特点和教学大纲，确定适合 AI 技术应用的教学知识点和教学场景；信息技术教师负责技术支持，包括选择和整合合适的 AI 工具和平台，解决技术难题，确保教学系统的稳定运行；教育技术专家从教育理论和教学设计的角度，为团队提供专业的指导和建议，帮助教师设计基于 AI 的教学活动和评价方案；教学管理人员负责协调各方资源，组织教师培训和教学研讨活动，推动教学改革的顺利实施。通过这种分工协作模式，充分发挥了团队成员的专业优势，形成了一个有机的整体，为 AI 教学改革提供了有力的保障。

（二）共同攻克的难题与取得的突破

在 AI 教学改革过程中，团队遇到了许多难题。例如，如何将现有的生物教学资源与 AI 技术进行有效的整合，使其既符合教学实际需求，又能够充分发挥 AI 的优势。团队通过多次研讨和实践探索，最终开发了一套基于 AI 的生物学科教学资源库，将教材内容、实验数据、案例分析、模拟软件等资源进行数字化整合，并利用 AI 技术实现资源的智能推荐和个性化定制，满足了不同学生的学习需求。一个难题是如何提升教师的 AI 应用能力和教学创新能力。为此，团队组织了一系列的教师培训活动，邀请专家举办讲座和培训，同时开展校内的教学研讨和公开课观摩活动，让教师在实践中不断学习和成长。经过一段时间的努力，团队在 AI 教学改革方面取得了显著的突破。学生的学习成绩和学习兴趣得到了明显提升，教师的教学理念和教学方法也发生了积极的转变，学校的生物学科教学质量在区域内处于领先地位，为其他学科的教学改革提供了有益的借鉴和参考，推动了学校整体教育教学水平的提高。

第二十一章　AI赋能生物学科课堂教学的未来展望与挑战应对

第一节　技术发展趋势对生物学科教学的潜在影响

一、新兴AI技术在生物教学中的应用前景预测

（一）量子计算与生物信息学教学

量子计算凭借其超强的计算能力，有望在生物信息学教学中引发革命性的变化。在处理海量的生物数据时，如基因组序列分析、蛋白质结构预测和生物分子模拟等方面，量子计算能够以远超传统计算机的速度完成复杂的计算任务。例如，在讲解基因测序数据的分析时，传统教学方法受限于计算资源，往往只能展示简单的示例和基本的分析流程。而借助量子计算，教师可以实时演示对大规模真实基因数据的深度挖掘和分析过程，让学生直观地看到如何从海量的基因信息中发现潜在的遗传规律、疾病相关基因以及物种进化的线索。这不仅能够加深学生对生物信息学理论知识的理解，还能使他们接触到前沿的科研方法和工具，激发学生对生物信息学这一交叉学科的兴趣和探索欲望，为未来从事相关领域的研究工作奠定坚实的基础。

（二）脑机接口技术在生物教育中的可能性

脑机接口技术为生物教育带来了全新的互动体验和教学方式。在生物学科的实验教学中，学生可以通过脑机接口设备直接控制实验仪器的操作，无需手动操

作复杂的旋钮和按钮。例如，在进行细胞电生理实验时，学生可以凭借大脑发出的信号来精确调节刺激电极的参数，如电压、频率和脉冲宽度等。同时，通过脑机接口接收细胞电活动的反馈信息，直接在大脑中感知细胞的生理状态变化，实现一种更加直观、高效的"沉浸式"实验教学体验。此外，脑机接口技术还可以用于监测学生的学习状态，如注意力集中程度、学习疲劳度等，教师根据这些实时反馈信息，及时调整教学策略，优化教学节奏，提高教学效果，为每个学生提供更加个性化的学习支持，使生物学科教学更加贴合学生的生理和心理特点。

二、未来教学模式的变革方向探讨

（一）完全沉浸式的生物学科虚拟学习环境

随着虚拟现实（VR）和增强现实（AR）技术的不断发展，完全沉浸式的生物学科虚拟学习环境将成为未来教学的重要方向。在这种环境下，学生可以身临其境地进入微观的细胞世界、复杂的生态系统或生物工程的生产车间等场景中进行学习。例如，在学习生物进化时，学生能够穿越时空，目睹不同地质年代的生物形态和生态环境的演变过程，与远古生物进行"互动"，观察它们的生活习性和适应策略，深刻理解生物进化的机制和驱动力。在生物制药课程中，学生可以在虚拟的制药工厂中全程参与药物研发和生产的各个环节，从分子设计到临床试验，感受真实的制药流程和工艺要求，极大地增强学习的趣味性和参与度。这种沉浸式学习环境能够打破传统教学的时空限制，让学生在高度仿真的情境中自主探索和学习，培养学生的观察力、实践能力和创新思维，使学生对生物学科知识的理解更加深入和全面。

（二）人机协同教学的深度融合模式

未来的生物学科教学将实现人机协同教学的深度融合。教师与 AI 智能教学系统将形成紧密的合作伙伴关系，共同为学生的学习提供支持。AI 系统能够根据学生的学习数据进行精准的学情分析，为教师提供详细的教学建议和个性化的教学方案，帮助教师更好地了解每个学生的学习进度和需求，从而有针对性地调整教学内容和方法。例如，在课堂教学中，AI 助手可以实时解答学生的基础问题，让教师有更多的时间和精力关注学生的思维发展和创新能力培养，组织开展小组讨论、项目式学习等活动。同时，教师可以利用自己的专业知识和教学经验对 AI 系统的教学内容和策略进行优化和补充，确保教学过程既充分发挥 AI 的技术优势，又不失人文关怀和教育的本质。这种人机协同的教学模式将实现教育资源的高效配置，提高教学质量和效率，为学生提供更加优质、个性化的教育服务。

第二节　面临的挑战与问题分析

一、技术层面的挑战

（一）AI系统的稳定性与兼容性问题

目前，市场上的AI教育系统种类繁多，但不同系统之间的稳定性和兼容性存在较大差异。在生物学科教学中，教师可能需要使用多种教学软件和工具，如虚拟实验室平台、智能辅导系统、生物数据分析软件等，如果这些软件与学校的硬件设备、操作系统或其他教学应用程序不兼容，就会频繁出现卡顿、闪退、无法正常连接等问题，严重影响教学的顺利进行。例如，在使用基于AI的生物模拟实验软件时，可能会因为与学校的计算机显卡驱动不兼容，导致实验画面无法正常显示或操作延迟，使学生无法获得预期的学习体验。此外，AI系统本身也可能存在稳定性问题，如服务器故障、算法漏洞等。这些问题一旦出现，可能会导致教学数据丢失、教学活动中断，给教师和学生带来极大的困扰，降低教学效率和质量，阻碍AI技术在生物学科教学中的广泛应用和推广。

（二）数据安全与隐私保护担忧

在AI赋能生物学科教学的过程中，会涉及大量学生的个人信息和学习数据，如学生的学习成绩、作业完成情况、课堂表现记录、生物实验数据以及基因检测等敏感信息（在涉及生物医学相关的拓展学习中可能会出现）。这些数据的收集、存储和传输过程中存在数据泄露和被滥用的风险。一方面，如果学校或教育机构的网络安全防护措施不到位，黑客可能会入侵系统，窃取学生的隐私数据，而数据一旦落入不法分子手中，可能会被用于商业营销、诈骗等非法活动，给学生和家庭带来严重的后果。另一方面，一些AI教育企业可能会在未经学生和家长明确授权的情况下，将学生数据用于其他商业目的，如数据分析、用户画像构建等，侵犯学生的隐私权。此外，数据在存储和传输过程中也可能因为技术故障或人为失误导致丢失或损坏，影响教学活动的正常开展和学生的学习权益。因此，数据安全与隐私保护问题成为了 AI 技术在生物学科教学应用中亟待解决的重要问题。

二、教育层面的困境

（一）教师对 AI 技术的接受程度差异

教师作为教学活动的组织者和实施者，其对 AI 技术的接受程度直接影响着 AI 技术在生物学科教学中的应用效果。然而，由于教师的年龄、教育背景、技术能力和教学经验等因素的差异，他们对 AI 技术的接受程度存在较大的不同。一些年轻教师或具有较强技术背景的教师可能更容易接受和掌握新的 AI 技术，并积极尝试将其应用于教学实践中，探索创新的教学方法和模式。但对于部分年龄较大或技术能力较弱的教师来说，他们可能对 AI 技术存在恐惧和抵触情绪，认为 AI 技术会增加教学的复杂性和不确定性，担心自己无法熟练运用这些技术，从而影响教学质量。这种教师之间对 AI 技术接受程度的差异可能导致在同一学校或地区内，AI 技术在生物学科教学中的应用水平参差不齐，如部分教师能够充分利用 AI 技术提升教学效果，而另一部分教师可能仍然依赖传统教学方法，无法充分发挥 AI 技术的优势，限制了学生的学习体验和教育资源的均衡分配，不利于整体教育质量的提升。

（二）学生过度依赖 AI 可能导致的思维能力弱化

随着 AI 技术在生物学科学习中的广泛应用，如智能辅导系统、自动解题软件等，学生在学习过程中可能会过度依赖这些工具，从而导致自身思维能力的弱化。例如，在完成生物作业或解决问题时，学生可能直接使用 AI 工具获取答案，而不再主动思考问题的解决思路和方法，缺乏独立分析问题、推理判断和创新思维的锻炼机会。长此以往，学生可能会逐渐丧失自主学习和解决问题的能力，习惯于依赖外部技术的支持，在面对没有 AI 辅助的实际问题时，往往感到无从下手。此外，过度依赖 AI 可能影响学生的批判性思维和质疑精神的培养，因为他们倾向于接受 AI 提供的现成答案，而较少对知识的真实性、可靠性和完整性进行深入思考和探究，不利于学生的全面发展和未来的学术研究及职业发展，这与教育的初衷背道而驰，需要引起教育者的高度重视。

三、社会与伦理层面的争议

（一）AI 决策在教育评价中的公正性问题

在生物学科的教育评价中，越来越多的 AI 技术被应用于自动批改作业、考试评分、学习过程评估等环节。然而，AI 决策的公正性受到了广泛的质疑。一方面，AI 算法是基于历史数据进行训练的，如果训练数据存在偏差或不完整，可能会导致 AI 系统在评价学生时产生不公平的结果。例如，在生物实验报告的批改中，如果用于训练 AI 批改模型的样本大多来自成绩较好的学生，那么该模型可能会对成绩较差学生的报告要求过于苛刻，或者无法准确理解和评价他们的独特思路和创新尝试，从而低估这些学生的实际能力和努力程度。另一方面，AI 系统可能无法全面考虑学生的个体差异、学习背景和特殊情况，如学生的身体状况、家庭环境、文化背景等因素对学习的影响，仅仅依据标准化的指标和数据进行评价，忽略了教育的人文关怀和公平性原则，可能会对某些学生造成不公正的评价，影响他们的学习积极性和自信心，引发社会对 AI 教育评价公正性的担忧和争议。

（二）生物学科研究成果被不当使用的风险

生物学科的研究成果往往具有重要的应用价值，但在 AI 技术的助力下，这些成果也面临着被不当使用的风险。例如，随着基因编辑技术、合成生物学等领域的快速发展，相关的研究成果可能会被用于制造生物武器、进行非法的基因改造或生物恐怖袭击等恶意行为。AI 技术可以加速生物信息的分析和处理，使这些危险技术更容易被获取和滥用。此外，一些商业机构可能会利用 AI 技术对生物学科的研究成果进行过度开发和商业化，而忽视了伦理道德和社会责任，如在生物制药领域，为追求利润最大化，可能会不合理地提高药品价格，使患者无法承受；或者在药品研发过程中违反动物实验伦理和临床试验规范，损害公众利益和社会道德底线。这些生物学科研究成果被不当使用的风险，不仅会对个人和社会造成严重的危害，也会阻碍生物学科的健康发展和 AI 技术在该领域的合理应用。因此，需要建立健全的伦理规范和监管机制来加以防范和控制。

第三节　应对策略与政策建议

一、技术研发与保障措施

（一）加大对教育 AI 技术研发的投入

政府和企业应加大对教育 AI 技术研发的资金支持和政策扶持力度，鼓励科研机构、高校和企业开展针对生物学科教学特点的 AI 技术研发工作。设立专项科研基金，吸引更多的科研人员投身于教育 AI 领域的研究，重点攻克 AI 系统在生物学科教学应用中的稳定性、兼容性和智能化水平等关键技术问题。例如，支持研发适用于生物教学的高性能、高稳定性的虚拟实验室平台，确保其能够与各类硬件设备和教学软件无缝兼容，流畅运行复杂的生物模拟实验；鼓励开发基于 AI 的精准教学决策系统，能够根据生物学科的教学目标和学生的学习特点，智能推荐教学内容、教学方法和教学活动，以提高教学的针对性和有效性。同时，加强产学研合作，促进科研成果的转化和应用，推动教育 AI 技术的不断创新和升级，为生物学科教学提供更加先进、可靠的技术支持。

（二）建立严格的数据安全标准与监管机制

为保障学生数据的安全和隐私，需要建立严格的数据安全标准和监管机制。政府应制定相关法律法规，明确规定教育机构和 AI 教育企业在数据收集、存储、传输、使用和共享等环节的安全要求和责任义务。例如，要求教育机构和企业采用加密技术对学生数据进行存储和传输，确保数据的机密性；建立严格的访问控制制度，只有经过授权的人员才能访问学生数据，防止数据被泄露和滥用。同时，加强对教育 AI 数据的监管力度，成立专门的数据安全监管机构，定期对教育机构和企业的数据安全管理情况进行检查和评估，对违反数据安全规定的行为进行严厉处罚。此外，应加强对学生和家长的数据安全意识教育，让他们了解自己在数据保护方面的权利和义务，提高对数据安全问题的重视程度，共同维护学生数据的安全和隐私，为 AI 技术在生物学科教学中的应用营造安全可靠的环境。

二、教育改革与教师培训举措

（一）制定教师 AI 培训的长期规划与激励政策

教育部门和学校应制定教师 AI 培训的长期规划，将教师 AI 素养提升纳入教师继续教育的重要内容。根据教师的不同层次和需求，设计系统的培训课程体系，包括 AI 基础知识、AI 教学工具的使用、AI 与生物学科教学融合的方法和案例分析等方面的培训内容，通过线上线下相结合的培训方式，为教师提供持续学习和实践的机会。例如，定期组织教师参加 AI 教育专题研讨会、工作坊和在线课程学习，邀请专家学者举办讲座和指导，让教师了解最新的 AI 教育技术和发展趋势；开展校内的 AI 教学实践活动，让教师在实际教学中应用所学的 AI 技术，并进行经验交流和分享。同时，建立教师 AI 培训的激励政策，将教师参与 AI 培训和应用 AI 技术的情况与教师的绩效考核、职称评定、评优评先等挂钩，激发教师学习和应用 AI 技术的积极性和主动性，提高教师队伍的整体 AI 素养，为 AI 赋能生物学科教学提供有力的师资保障。

（二）调整教育评价体系以适应 AI 时代

为避免学生过度依赖 AI 导致思维能力弱化，教育评价体系应进行相应的调整和改革。在生物学科的评价中，减少对单纯知识记忆和标准化答案的考查，增加对学生思维能力、创新能力、实践能力和问题解决能力的评价比重。例如，在考试中设置开放性试题、综合性实验设计题和项目式学习评价等，鼓励学生运用所学知识进行独立思考、分析和解决实际问题，培养学生的创新思维和实践能力。同时，对于学生使用 AI 工具的情况进行合理引导和评价，将学生能否正确、合理地使用 AI 作为辅助学习工具纳入评价范围，考查学生在利用 AI 资源的过程中能否提升自己的学习能力和思维品质，而不是简单地依赖 AI 获取答案。通过调整教育评价体系，引导学生正确对待 AI 技术，培养学生的自主学习能力和核心素养，使教育评价更加符合 AI 时代的人才培养要求。

三、社会共识与伦理规范建设

（一）开展广泛的 AI 教育伦理讨论与宣传

为提高社会各界对 AI 教育伦理问题的认识和重视程度，应开展广泛的 AI 教育伦理讨论与宣传活动。政府、教育机构、科研团体和社会组织应共同合作，通过举办学术研讨会、论坛、科普讲座、公益宣传活动等多种形式，向公众普及AI技术在生物学科教学应用中的伦理原则和规范，引导公众关注AI教育中的公正性、隐私保护、数据安全等问题，促进社会各界对AI教育伦理问题的深入思考和广泛讨论。例如，利用社交媒体平台、教育网站、电视广播等媒体渠道，发布AI教育伦理相关的科普文章、视频案例和专家观点，引发公众的关注和热议；组织开展AI教育伦理主题的征文比赛、演讲比赛等活动，鼓励学生、教师、家长和社会公众积极参与，提高他们对AI教育伦理问题的敏感度和认知水平，营造全社会共同关注和重视AI教育伦理的良好氛围。

（二）建立跨学科的AI伦理审查委员会

为确保AI技术在生物学科教学中的合理、合法和道德应用，应建立跨学科的AI伦理审查委员会。该委员会应由生物学家、教育学家、伦理学家、法律专家、计算机科学家等多学科领域的专业人员组成，负责对AI教育项目、产品和应用进行伦理审查和监督。在生物学科教学中，任何涉及AI技术的教学改革、课程设计、软件工具开发等项目在实施前都应提交给伦理审查委员会进行审查。委员会将从伦理道德、法律合规性、教育公平性、社会效益等维度对项目进行评估，审查其是否符合伦理原则和规范，是否存在潜在的风险和问题。例如，对于基于AI的生物学科教学评价系统，委员会将审查其算法的公正性、数据的使用是否合规、对学生隐私的保护措施是否到位等方面的内容；对于生物学科的AI研究成果应用项目，委员会将评估其应用目的、潜在影响以及是否符合社会伦理道德标准等。通过建立跨学科的AI伦理审查委员会，加强对AI技术在生物学科教学应用中的伦理监管和风险防控，保障AI技术能够在伦理道德的框架内为生物学科教学服务，推动生物学科教育的健康、可持续发展。

参考文献

[1] 陈琦，刘儒德．教育中的人工智能：原理、进展与未来方向［J］．教育研究，2023，44（10）：142-153.

[2] 王竹立．新建构主义与知识创新［J］．远程教育杂志，2022，40（2）：3-10.

[3] 刘徽，王爱菊．项目化学习的内涵、类型与设计［J］．课程·教材·教法，2020，40（11）：9-16.

[4] 经济合作与发展组织编，杨中超等译．教育的未来：人工智能时代的教育变革［M］．上海：上海教育出版社，2023.

[5] 钟启泉等．读懂课堂［M］．上海：华东师范大学出版社，2021.

[6] 李政涛．教育与永恒［M］．上海：华东师范大学出版社，2022.

[7] 陈向明等．大学跨学科研究与教学的组织变革［M］．北京：北京大学出版社，2023.

[8] 柏拉图．理想国［M］．郭斌和，张竹明译．北京：商务印书馆，1986.

[9] 卢梭．爱弥儿［M］．李平沤译．北京：商务印书馆，1978.

[10] 赫尔巴特．普通教育学·教育学讲授纲要［M］．李其龙译．北京：人民教育出版社，1989.

[11] 杜威．民主主义与教育［M］．王承绪译．北京：人民教育出版社，1990.

[12] 赞科夫．教学与发展［M］．杜殿坤等译．北京：文化教育出版社，1980.

[13] 夸美纽斯．大教学论［M］．傅任敢译．北京：教育科学出版社，1999.

［14］洛克. 教育漫话［M］. 傅任敢译. 北京：教育科学出版社，1999.

［15］雅斯贝尔斯. 什么是教育［M］. 邹进译. 北京：生活·读书·新知三联书店，1991.

［16］陶行知. 教育的本质［M］. 合肥：安徽教育出版社，2009.

［17］王策三. 教学认识论（修订本）［M］. 北京：北京师范大学出版社，2002.

［18］拉尔夫·泰勒. 课程与教学的基本原理［M］. 施良方译. 北京：人民教育出版社，1994.

［19］王晟. AI 赋能生物制造——梦想、现实与突围方向［Z］.2024 年11 日.

［20］屠昶旸. AI 大模型文本理解优势明显有望在生物制药等领域应用落地［EB/OL］. http：//www. 21jinji. 10m.

［21］钟南. 共性导向，交叉融通——AI 赋能生物与食品研究探讨［Z］.2023 年9 月.